U0600382

好文案
一句话就够了

〔日〕川上徹也◎著

涂绮芳◎译

北京联合出版公司
Beijing United Publishing Co.,Ltd.

图书在版编目（CIP）数据

好文案一句话就够了 / (日) 川上徹也著；涂绮芳译.
— 北京：北京联合出版公司，2018.10（2024.9重印）
ISBN 978-7-5596-2486-4

Ⅰ.①好… Ⅱ.①川… ②涂… Ⅲ.①广告文案
Ⅳ.①F713.812

中国版本图书馆CIP数据核字（2018）第206353号

著作权合同登记号：01-2018-5141

Original Japanese title: CATCH COPY RYOKU NO KIHON
© T. Kawakami 2010
Original Japanese edition published by Nippon Jitsugyo Publishing Co., Ltd.
Simplified Chinese translation rights arranged with Nippon Jitsugyo Publishing Co., Ltd.
through The English Agency (Japan) Ltd. and Eric Yang Agency, Beijing Office

好文案一句话就够了

著　　者：〔日〕川上徹也
译　　者：涂绮芳
总 发 行：北京时代华语国际传媒股份有限公司
责任编辑：龚　将　夏应鹏
封面设计：吉冈雄太郎 ©Yoshioka Yuutarou
版式设计：胡玉冰
责任校对：许　罡

北京联合出版公司出版
（北京市西城区德外大街83号楼9层　100088）
三河市宏图印务有限公司印刷　新华书店经销
字数170千字　　880毫米×1230毫米　1/32　　8印张
2018年10月第1版　2024年9月第33次印刷
ISBN：978-7-5596-2486-4
定价：42.00元

未经书面许可，不得以任何方式转载、复制、翻印本书部分或全部内容。
本书若有质量问题，请与本公司图书销售中心联系调换。电话：010-63783806

前　言

一本书提升你的文案促购力

各位是否有过以下经历：

· 明明是好商品却卖不出去？

· 熬夜完成的策划书，大家却只看标题而不看内容？

· 自己写的电子报或博客的文章，得不到任何回应？

· 时常被上司或老客户说："所以你的结论是……？"

· 即使在会议上发言也会遭到忽略。

这些都是"广告文案力"不足使然。

各位是否以为撰写广告文案的都是专业的文案人员？

事实上，能够写出抓住眼球、刺进要害、留在心上的文案，并不是专业文案人员的专利，反倒是许多商务人士、普通上班族最需要具备的技巧。

策划书或提案的标题，会影响读者认真对待文本的程度。放在产品前面的 POP 广告（Point of Purchase Advertising）也是一样，若没有任何吸引人之处，就无法取得任何广而告之的效果。

无论是邮件、电子报、博客，还是Twitter（推特）、Facebook（脸书）等社交平台，人们的沟通大多以书面用语为主。这时，请问各位，你们会仔细阅读上面的每一个字吗？

想必留在各位记忆里的，应该只有标题或某些特别的字眼吧？再者，若对文章的标题没有兴趣，也就不太可能去深入阅读了。大多时候，即使点进去看，也只是大致瞄过，完全无法吸收。

不只书面表达是这样，就连口语表达也是这样。例如，简报被接受与否的关键，就在于能否说出令人印象深刻的字眼。参加会议也是，与其说一大堆，倒不如说出强而有力又令人印象深刻的简短话语，更能获得好评。

是的，当今社会，最重要的就是"书名""标题""称号"以及"经典台词"等这些能够瞬间刺进受众心坎，并掌握对方内心的"一句话"。

本书将这样简短又准确的表达能力，称为"广告文案力"。

市面上可见到许多介绍如何写作文、广告及推销文案的书，不可思议的是，这些书很少能解决一般上班族在职场中所遇到的问题：希望想出掌握对方心情的书名与标题，希望想出适用于策划书或简报的经典句子，或是想出能够让产品大卖的文案。

本书就是因应要求、以磨炼"广告文案力"为目标的书。接下来，我会分9个步骤，通过实例，以浅显易懂的方式公开广告文案写作的基本技巧。只要能够掌握这77个技巧，撰写广告文案的能力便会更上一层楼。

看完这本书，各位长久以来所困扰之事便会烟消云散，一定能够想出好的书名、标题和重要句子。请各位通过此书，培养在工作上最重要却无人教导的"广告文案力"吧!

书中举出的范例主要引用自下述地方：

· 广告文案。

· 书籍的名称、腰封以及目录。

· 杂志、报纸等标题与文案。

· 电影文案（宣传文案）。

· 博客、电子报及推销信等标题。

· 闻名世界的语句。

· 在街上看到或听到的令人印象深刻的话。

各位若能将这本书放在公司的桌上，当成字典来使用，对我来说就是很幸福的事了。

目　录

第三章　让读者思考

第四章　运用顺口的句子

第五章　锻炼比喻力

第六章　储蓄名言

第九章   以故事唤醒情感

第一章

撰写广告文案的三大基本原则

技巧 01

让对方认为与自己有关

若对方不认为与自己有关，文案就无法感动人心。广告文案力的基础，就在这里。因此，撰写文案时，让对方认为与自己有关是重中之重。在这信息爆炸的网络社会，大家通常会轻易忽略与自己无关的信息。

因此，与其向多数人喊话，倒不如针对特定对象加以说服成效会比较高。

书店的书籍有千百种，尤其是实用类和商业类的书籍更是多到令人目不暇接。这些书若无法通过书名和读者产生关系，就无法让读者拿起书本。翻译类书籍则更是会因为书名翻译的好坏而大大影响销量。请参考下列案例。

普通：《工作整理术》

范例：《给不知不觉桌子就杂乱不堪的你》

《给不知不觉桌子就杂乱不堪的你》一书是利兹·戴文波特（Liz Davenport）著作 *Order from Chaos* 的日文版。原书名直译是"从混沌中找出秩序"，但这样的书名根本无法让读者掌握内容。

该书的重点是工作的整理技巧（其实不光只是桌子的收拾整理）。当初编辑和译者想必为了拟定最具说服读者的日文书名而烦恼不已。一般而言，当时应该有许多候选书名，像是"工作整理术"等，但最后选出的就是范例所示的书名。

现实中，"不知不觉桌子就变得杂乱不堪"应该是多数人的经历，看到此书名，符合上述状况的人就会感到："啊，这就是在说我！"而最重要的也就是这个感觉。

虽然，光是看到"给不知不觉桌子就杂乱不堪的你"这一书名并无法得知书籍的具体内容，不过，认为"这本书与自己有关"的人，就会在书店里把这本书拿起来，然后走到收银台。正是因为如此，这本书成了畅销书。

同样的手法亦可用在杂志的标题、地铁的手把广告或报纸广告上。许多人都是先看了产品广告再决定要不要购买该产品的，这个时候就必须让读者认为"与自己有关"，否则无法引起读者的兴趣。下列范例则是 *AERA* 杂志的标题。

> 普通：近来不生小孩的女性人数增加
> 范例：我可能不生小孩

对女性来说，"是否要生小孩"是影响人生的一大问题。不过，对尚未生过小孩的女性来说，即使心里可能会有些担心，但还是会觉得这个问题言之过早。

以普通的写法来看，因为无法引起对方的共鸣，对方可能只会说声："噢，是喔！"就不了了之。若能写出范例水平的文案，就能够让人感同身受，认为"我可能也不会生小孩吧！"而想要进一步阅读报道的内容。

无论是何种情况，只要是需要引起对方注意的工作，最终原则就是要让对方认为与自己有关。不光是书名，像是杂志标题、广告文案、直邮广告、新闻稿以及电子报等不限定对象的宣传方式，更是如此。这类广告常会让接收方认为与自己毫无关联而选择直接忽略。

以DM（直接邮寄广告）为例来看看吧！多数人应该会在发现是DM之后，就马上丢弃。若是如此，这里的重点就是要让DM看起来不像DM。如果能像寄信给朋友那样，让每一个接收方所收到的内容都不相同，就有可能让对方认为与自己有关而获得广告的最佳效果。

不过事实上，大多时候不可能达到个别应对，所以，才需要用本书提出的多种提示，想出能让对方认为与自己有关的话语。

技巧 02

使用强而有力的话语

　　语言有强弱之分。简单讲，强而有力的话语，就是会刺入心坎、令人印象深刻，以及看完想立即行动的语言。相反，陈词滥调、随处可见以及无法撼动人心的话语就是软弱无力的话语。

　　使用强而有力的话语最能抓住读者的心。不过，同一句话在不同场合，强弱程度也会有极大差异。在某个场合强而有力的字句，在另一个场合却可能显得毫无说服力。这都是有可能发生的情况。

世界上没有什么词语只要一使用就能让文案变得强劲有力，这种"神奇字句"并不存在。（虽然技巧 58 就是在介绍这点，但却需要看时间、场合使用。）

不过，只要记住下列最基本的两个要点，就有可能创造出强而有力的文案：

1. 避免抽象的表达，尽量具体；

2.避免随处可见的常用句型。

在此向各位说明第 1 点的使用方法。假设，你是一个零食厂商的业务员，现在要推销的巧克力是一款口感有别于市面上所有巧克力的商品。这种情况要如何向顾客说明呢？

普通：融于口中的感觉，十分新奇。

这种说明过于抽象，无法打动人心。或许可以试着用更具体一点的说明。

改善：放入口中的瞬间，融化消失。

当说明方式更具体，话语就会变得较为有力。看到这句"放入口中的瞬间，融化消失"，无论是谁，应该都会想体验看看吧！

接下来，说明第 2 点的方法。无论是否有所意识，我们每天都会接触到庞大的文案，在不知不觉中就会受到影响。在没有任何想法的情况下撰写文案，就会在无意识中写出相似的文案。

例如，大家经常光顾的餐饮店都会出现"讲究""严选""独特的做法"以及"私房配方"等常用字句。只要文案中用了这些话语，乍看之下就会极为相像。实际上，翻开那些餐厅的简介，就会发现这些词语多到令人厌烦。

这种文案其实有跟没有都没什么差别。现在这个社会，没有任何讲究的餐厅是根本无法生存下去的。这就是写文案的人自认为作出了差异，但接收方却会轻易忽略的案例。

下面的案例是某家烧烤店介绍烹饪方法的文案。

普通：用炭火慢烤、严选的新鲜鸡肉

如果那个城镇只有这一家烧烤店，这样的文案或许还行得通。不过，一旦面临激烈的竞争，这样的文案根本就无法提供任何有效帮助。因为与其他店没有差异。严选、新鲜以及炭火等，在当今社会早已沦为软弱无力的陈词滥调。因此，必须写出更具体的食材与烹饪方法，才能强化语言力道。我们或许可将同样的东西，改为下列内容：

· 新鲜：早上现宰
· 严选：萨摩鸡
· 炭火：备长炭
· 慢烤：滋滋作响、鲜嫩多汁

改善：早上现宰的萨摩鸡用备长炭慢烤到滋滋作响、
鲜嫩多汁

当然，若是在烧烤店的热战区，这样的文案还是有需要改进的地方。只不过一般来说，只要不用那些陈词滥调，话语强度就会提高许多。

想必各位在工作上常会遇到许多写作的机会。这种时候，就必须要培养起检查的习惯，无论是书名、标题、商品说明还是文案，都需要确认语句"是否抽象"和"是否沦为陈词滥调"。如果发现有此情况，请尽量改写成下列较为具体的说法：

· 迅速地应对：一定会在当天内回应
· 丰富：种类高达 32 种
· 认同：只要用过一次，必定成为常客
· 好喝：连最后一滴都会喝完
· 便宜：用旧商品以超低价换购

只要培养起这个习惯，各位的广告文案力一定会有显著提升。

本书第七章、第八章即在说明强化词语力度的具体技巧，各位可当作参考。

技巧 03

让对方心中产生"为什么"

人们只要听到违背自己常识的事情，就会在脑中产生"为什么"的疑问。

又或是，当别人丢出自己从未深入思考的问题询问自己的意见时，一般人也都会有疑问："这个问题，究竟为什么会这样？"

然后，为了找出解决问题的答案，就会想继续把内容看下去。

许多书名、文章的标题、商品说明以及文案都会采用这种手法。下列几项全部都是日本畅销书的书名。

范例：

- 《伤口千万不要消毒》
- 《千万别捡千元大钞》
- 《要对顾客差别待遇》

- 《业务员要学会拒绝》

- 《为什么不能以第一名为目标？》

- 《超乎常理的成功法则》

各位可看到，每一个书名的诉求，都违背了一般人的常识。这时候，接收方就会产生"为什么"的疑问。这里如果使用命令句，是为了让情感更加强烈。

看了这些书名，各位是否会产生兴趣，想知道里面究竟写了什么呢？（不过，最近有很多书都是采用这种手法命名的，因此可能已经让人感到乏味了。）

此外，也有些书籍会通过书名丢出问题，让人觉得"经你这么一说，好像真的是这样"，而产生疑问。

范例：

- 《叫卖竹竿的小贩为什么不会倒闭？》

- 《为什么企业高管都要打高尔夫？》

- 《为什么滨崎桥会堵车？》

- 《为什么外星人不来地球？》

- 《好奸诈！为什么欧美人能毫不在意地改变规则？》

一旦有人提出这些问题，我们就会产生"为什么会这样？"的疑问，进而想找到答案。这些方式不仅适用于书名，也可用在其他方面。首先要介绍的技巧是"违背常识"的想法。试想，若要对一家以"顾客至上"为理念的公司提出全新的企业理念，应该如何设定提案书的标题呢？一般来说，可能会提出下列方案：

　　普通：创新的企业理念提案

这种标题并不会让人产生往下看的意愿，因此或许可以改一下。

　　改善：接下来的时代，"顾客至上"的公司将会倒闭

看到这种标题，对方可能会因生气而抗拒。不过，通常也会产生兴趣，想要知道背后的答案。这时候，若能切实说明为什么一直以来的"顾客至上"主义会行不通，十之八九就能深深抓住对方的心。

接下来，请各位沿用上一个主题，利用"经你这么一说，好像真的是这样"的思路改写上句文案，会变得如何？

　　普通：创新的企业理念提案
　　改善：以"顾客至上主义"为理念的公司，为什么
　　　　　无法做到顾客至上？

有许多公司虽然标榜顾客至上，但实际真的将顾客摆在第一的企业可以说是少之又少。

实际上，面对这种问题，被逼问的一方往往会感到心头一震，然后产生"是啊，为什么会这样？"的想法，并有继续往下看的意愿。

此外，也有直接引起读者疑问的方法。

普通：我能考上东大都是因为 ××× 补习班
范例：为什么，我能考上东大？！

这一句是四谷学院补习班的文案，直接向读者丢出"为什么？"（此外，旁边还附上了实际考上东大的学生的照片。）

这时，考生与父母都会拼命想知道能考上东大的理由（虽然他们都知道上面只会写出四谷学院的好话）。

这是受到背后强而有力的"东大"一词支撑，加上疑问句引起读者深入了解的欲望，最后得以成功的案例。这项手法可广泛运用在直邮广告、推销信的文案和标题上面。

各位在工作中，应该时常需要撰写书名、标题或是文案。此时，请各位务必试试秉持"让对方产生疑问"的方式来撰写。

不过具体来说，究竟有什么技巧可运用呢？这部分的内容都写在第 3 章，请各位务必学会。

专栏 1
耶稣是最知名的文案人？

布鲁斯·巴顿（Bruce Barton）身为美国知名广告代理商 BBDO 公司的前身 BBO 公司的创始者，同时也是一位文案人。他在 1925 年出版的《无人知晓之人》（*The Man Nobody Knows*）一书，在美国大卖。

巴顿在书中主张，我们长久以来对于耶稣的印象都是错误的。耶稣并不是一位柔弱的圣人，而是善于交际又富有幽默与领导能力的人。

此外，巴顿更宣称，耶稣是一位相当优秀的广告人员，他知道好广告就是新闻，并通过奉献而非说教的方式以获得信徒的信任。因为这样，就可以让大家认为他所做的是与自己有关的事情。

下面，我将介绍巴顿在书中提到的耶稣运用的四大文案技巧。

1. 浓缩文章

"爱你的敌人""你们祈求，就给你们"以及"人活着，不是单靠食物"等。耶稣基督所言虽然简短，却凝练而含义深远。所以，只要听过一次就能记在脑海里。上述提到的句子，都是非基督徒也熟知的有名文案。

2. 文句浅白

耶稣的比喻相当浅显易懂，就连小孩也能够轻易了解。而且，句子的开头都相当简单，只要看过一段文字，脑中就会立刻浮现出故事所描绘的情景。正因为简单明了，其中的含义才能够直接又强烈地传达出来。

3. 诚实诉说

只要诉说的一方并未打心底相信商品的好，即便使用再厉害的技巧说出来的话，或是写出来的文案，也不具有力量。正因为耶稣所说的话都是肺腑之言，所以才如此具有力量。

4. 不断重复

不断重复相同的话语，或是换个说法来形容同样一件事，就能在读者心里留下深刻印象。耶稣清楚地知道，所谓的评价，是通过长时间反复积累而来的。

以上四种技巧，其实就是所谓的"文案撰写原则"。当然，现在也可以适用于所有领域。撰写文案最重要的莫过于浓缩文章、文句浅白、诚实诉说以及不断重复。

第
二
章

让文字"坚硬有力"

技巧 04

短就有力

只要能够浓缩想传达的重点，并说得简短有力，传达到对方内心的速度就会加快许多。也因如此，刺进接收方心坎的可能性便会提升，甚至让对方念念不忘。请各位想想看，如何才能将想说的话归纳并缩短。

下面的案例是粘贴在小餐厅店门口传单上的文案。

普通：我们准备了冰冷的啤酒，等待各位的光临。
改善：生啤透心凉

猛然一看，能够刺激五感的应该还是改善后的文案。在盛夏的傍晚，看到写有上述文案的海报，应该有很多人会不自觉地晃进店里吧！为什么会这样呢？

这是因为这句话有"Sizuru 感"。Sizuru（sizzle）意指煎牛排时会发出的"滋滋"声响。由此延伸，只要是通过生理或感觉呈现五感的文案全都称作 Sizuru。日本广告业界也经常使用有"Sizuru感"的形容方式。

据说，这一词源自一位相当活跃的美国经营顾问 Elmer Wheeler 的一部距今 70 年以上的著作。他曾在著作里提及："不要只卖牛排，也要卖滋滋作响声。"

大部分人看到肉煎到滋滋作响的模样，会比看到生肉块更能产生食欲。推销牛排肉就是要"让顾客联想到煎得滋滋作响时的牛排的模样、声音及香味"，如此销售额便能大幅增长。

这就代表销售并不只是纯粹卖东西而已，而是要通过刺激接收方的情感来进行销售。

这不仅适用于牛排等食物，其他像是追求"安心"的保险或"地位象征"的高级车都是可诉诸"Sizuru 感"的商品。

一句"透心凉"的生啤酒文案对啤酒爱好者来说就相当具有"Sizuru 感"。虽然简单，但也正因为简单明了，才能够直接刺激顾客"想喝啤酒！"的情感。

再来看一个浓缩表达重点、简短有力的案例吧！

　　普通：语言借由习惯内化
　　范例：语言是习惯

此范例取自与本书同系列的《基本的文章力》（阿部纮久著）一书中的标题。虽然普通版的意思无误，但作为标题来说却过于冗长，反而是简短有力地说明语言是习惯才能成功突显该项目的整体意义。

简短有力地说明企业的经营理念，理念的内容也会更加清楚。不过，现今社会却有许多经营理念因为过于冗长而令人难以掌握核心重点。

> 普通：敝公司希望通过先进的技术和最高质量的服务，确立与顾客之间丰富的沟通管道，进而对社会文化有所贡献。

> 改善：沟通是爱

我们会发现，改善后的文案简短有力，较容易留在他人心中。

也就是说，"培养简短有力的表达习惯"能够立即提升撰写文案的能力，特别是在各位想要突显自己的意见时更加有效。

因此，在会议等场合发言，请大家一定要培养说话简短有力的习惯。如果想要提升公众号、博客等的浏览人数，请务必停止暧昧的表达方式，想个简短有力的题目。又或是想在Twitter（推特）上引起大家的注意，也需要以最少的字数，写出最简短有力的语句。做到这种程度，便能写出刺进对方心坎里的文案。

技巧 05

果断说出大家的心底话

　　看到电视上的名嘴果断地说出自己平时难以启齿的话，就会觉得"对对对，我就是想说这个！"而感到无比舒畅。某个人在会议上果断地说出"大家都想说，却说不出口"的意见，就会得到"他能力很强"的评价。

　　这同样适用于书名、标题，以及广告文案等。只要能够一针见血地指出大家想说的话，就能够引起许多接受方的共鸣。

　　能够果断地说出大家都想说，却说不出口的事情，看似简单，却需要相当高超的技巧。在封闭的会议空间或许不难做到，可是要在人数众多的场合找到大家都想说，却说不出口的话，其实相当具有难度。反过来说，只要能够找出这句话，就能成功抓住多数人的心。

　　电视广告的文案也是如此。若能果断地说出大家都想说的话，成为热门话题的概率就会提高许多。

范例：感冒是社会的困扰

范例：健康的老公不在家最好

"感冒是社会的困扰"说的是感冒药，而"健康的老公不在家最好"则是防虫剂的电视广告文案。两者皆在 20 世纪 80 年代大受欢迎，受欢迎的程度几乎让它们被评为当年的流行语。

再者，无论书名还是商品名称，若能果断指出大家心里所想，却没说出口的话语，大卖的概率会大幅提升。

范例：《不再当"好人"就会轻松许多》

《不再当"好人"就会轻松许多》（曾野绫子著）是一本畅销书。这个书名果断地指出"一直当好人很累""一直当好人会吃亏"等，大家或多或少都已察觉到了，因此该书名也引起了大家的共鸣，使人们不禁感叹"真的是如此……"

果断说出大家内心所想的事情虽然极需勇气，可一旦说出口，就能蜕变为具有影响力的话语。刚开始，不妨试着在 Twitter（推特）上面发文，寻找哪种话语能够引起回响。在这方面，Twitter（推特）可以说是相当不错的工具。

技巧 06

感情真挚不造作

当一个人一心想要通过语言撼动他人，往往会不小心使用过多的技巧。语言内藏着传达者的强烈心意，才能让言语拥有最强大的力量。因此，最重要的就是要直截了当说出自己想要传达的强烈心意。

充满心意的言辞能够撼动人心，尤其是在充斥着场面话的场合，更会因此产生令人意想不到的效果。

贵乃花（日本知名相扑运动员）曾经生了一场需花上两个月才痊愈的重病，却并未因此被打倒，仍在大相扑 2001 年 5 月场获胜。下列是当时的首相颁发内阁总理大臣奖杯时所说的话。

普通：能够撑过受伤得到优胜，真的恭喜你。

范例：忍受痛苦上场，辛苦了！我深受感动！恭喜！

依照普通版的说法，不仅无法撼动人心，更无法让人记忆深刻。

不过，正是因为当时的首相说出的是范例中真心诚意的话，才让范例的文案成了风靡一时的热门话题。

请大家看看下一个案例。这是电影《功夫》在日本上映时的文案。

普通：这是几乎不可能发生的（功夫特效）

范例：这怎么可能？

范例因将看完电影的真实感想直接当成文案而备受讨论。正是因为这是来自内心深处的真挚想法，就连文案者自己都会不禁脱口而出，好的评价才会不断。

感情真挚这个方法，尤其适用于店内广告。某段时间，书店的手绘 POP 广告创造了源源不断的畅销书。据说最初，是店员替《白狗的华尔兹》（*To Dance With the White Dog*，Terry Kay）所写的 POP 广告文案开启了这股热潮的先锋。

范例：不管看几次，都会起鸡皮疙瘩

上述范例是千叶县习志野市某书店的店员所写的 POP 文案的部分内容。据说，他看完书之后深受感动，于是设法与他人分享感受。出版社的业务员得知该书因此销售一空，立即将其 POP 影印并分发给全国的书店，百万畅销书就此诞生。

《在世界中心呼唤爱》（片山恭一著）一开始也是由书店店员的手绘 POP 文案带动风潮。而让此书进一步晋升为百万畅销书的幕后功臣，却是腰封上的推荐文案。

　　范例：我哭着一口气读完了，希望今后也能谈一场
　　　　　像这样的恋爱。

　　上述范例是将演员柴崎幸投稿至杂志社的感想作为了腰封的推荐文案。这种性情直率不造作的文案着实感动了多数人，并将此书带到了百万畅销书的行列。大家应该都知道，在这之后此书改编成电影和连续剧并大受欢迎，甚至还引发了一连串的社会现象。

　　只要投入强烈的情感，写出来的文字自然强而有力。如果各位有"无论如何都要传达"的情感，就直率地说出来吧！

　　不过，若在推销自己或公司所制造的商品时，过度使用这种手法，文案有可能会显得过于自我。想要撰写出感情真挚的文案，若能从不考虑个人得失的客观角度出发，就能取得压倒性的效果。

技巧 07

带出节奏快感

　　想要传达某种信息时，总是容易放入过多的信息。若在文案里加入过多的信息，无可避免地就会降低传达的速度。

　　反之，节奏感较快的文案就能瞬间进入人心。

　　20 世纪 60 年代、70 年代初期进入电视的草创时期，许多流行语都是出自广告中节奏感强烈的文案。

　　范例：

　　· Oh！猛烈

　　· 牛肉烩饭也有喔~

　　· 理所当然的前田饼干！

　　· 嗯~ MANDOM（品牌名称）

　　· 为什么会有，都是因为爱

　　· 啊啊，累昏了

　　上述文案都是在了解字面意思之前，就先借由感觉刺入人心的案例。尤其是小孩，都特别喜欢模仿节奏感较快的语句，上述案例就有许多是由小孩带动流行起来的。这都是因为节奏感较快的语句较容易传达出去，从而引起口耳相传的效果。

　　接下来的范例是日本地铁防止"痴汉"的海报标语。

　　普通：色狼是犯罪行为
　　范例：色狼退场

　　范例是大阪府警察实际在地铁等地使用的海报标语。通过押韵呈现冷笑话的方式虽然评价有褒有贬，不过也由此可以得知，该文案的传播与让人记住的速度远快于普通文案。

　　工作上需要替商品命名之际，请大家务必记住要"带出节奏快感"。以下介绍三种方式及案例，这些文案之所以能够令人印象深刻，都是因为充满了节奏快感。

　　①试着通过呼吁的方式
　　范例：
　　·喂~喝茶喽！
　　·吃饭时间到了喔！

②试着设计冷笑话

范例：

·ICOCA（出发吧）

·U 臭的（无臭）

③以功能作为商品名

范例：

·退热贴

·喉咙喷剂

技巧 08

放入具体数字

　　想要传达某件事情，放入具体数字就能增加说服力。
甚至有这么一句话——数字会说明一切。这就表示，任
何事情只要加入数字就能发展出一个故事。

　　首先，请看下列案例。

　　普通：营养丰富的零食

　　范例：一粒 300 米

　　这是固力果（牛奶糖）的知名文案。固力果的官方网站提到
文案的由来是"体重 55 公斤者，跑了 300 米所消耗的能量，就等
同于一粒固力果的营养"。不过，据说其实"一开始重视的是语感，
这条说明是后来才加上去的"。

　　特别是在粮食状况不佳的背景之下，为了诉求"有营养的零
食"，300 米这个数字相当具有说服力。

下列的文案范例，也是通过加入具体数字来加深给人的印象。

　　普通：便宜又方便的滤泡式咖啡
　　范例：一杯咖啡 19 日元

这是咖啡通信贩售公司——布鲁克斯咖啡的广告文案。以外面的咖啡售价来看，一杯 19 日元的咖啡价格实在是令人跌破眼镜。将咖啡的计价方式从一包换成一杯，成功突显了便宜的形象。

将这种数字的手法用在文章的标题，也会有不错的效果。

　　普通：探究中国的粮食状况
　　范例：走在 13 亿人胃口的最前线

上述范例是 *AERA* 的标题。因为使用"13 亿人"这个具体数字，使得标题看起来相当有震撼力，再加上"胃口最前线"的强烈字眼，成功地引起了读者"想要阅读这篇报道"的意愿。

接下来，介绍善用数字的电影海报。

　　普通：适合夫妇一同观赏
　　范例：妻子的共鸣程度 98%，丈夫的反省程度 95%

这是电影《60 岁的情书》的文案。数字的运用方式相当高明。

另外，推销信等也可参考下列两个案例，通过呈现精准的数字来提升顾客的信任度。

> 普通：许多顾客购买之后，表示相当实用
>
> 改善：购买此商品后，有 91.3% 的顾客表示相当实用
>
> 普通：至今有 300 人以上使用
>
> 改善：至今共有 327 人使用

各位应该可以发现改善后的写法，更能让接收方感觉到数字的真实性。

像这样提出具体的数字，在写策划书、简报或报告书等地方都是很有效的方法。

另外，找工作或换工作时的履历表，若能用具体的数字撰写经历或工作业绩，也较能让面试官留下深刻的印象。如果找不到可写进履历表的数字，从今以后请各位务必提醒自己要"创造数字"。

技巧 09

具体呈现所需时间

　　宣传商品效果时，若能呈现所需时间，就能引起对方的兴趣。效果明显又容易在短时间之内达成目的，人们尝试的意愿就会更高。这个技巧的效果相当不错，可若是滥用就会看起来廉价又可疑，因此需要特别留意。

　　请大家想象那种贴在药店内只有文字叙述的海报。

普通：内售治疗痔疮的药

改善：痔，只要 3 天！

　　大家觉得如何？上述改善的案例是实际张贴在药店的海报。明明没有写出具体的效果，却能引起有症状者的兴趣，让人不禁想知道 3 天之后的结果。由此可知，正是因为确实写出了所需的时间，才能达到如此效果。

　　读者希望看完就能立即见效的减肥或商业技能类书籍，也经常会使用"将所需时间具体呈现"的手法。

到书店浏览一下就会发现，书名包含了时间的书籍非常多，其中以分秒为单位的书籍更是不计其数。接下来就举出几个实例。

范例:

· 《超判读力，1 秒看懂财务报表》

· 《3 秒钟，改变人生》

· 《早上 7 秒　变身小腰女》

· 《15 秒骨盆矫正减肥》

· 《前 30 秒就能虏获人心的杂谈话术》

· 《开口就能说重点: 60 秒内让老板点头、客户买单、同侪叫好的说话术》

· 《图解 3 分钟搞懂逻辑思考法》

· 《15 分钟聊出好交情: 66 个开场、提问、接话的超级说话术》

· 《20 分钟就能达成 1 年目标的工作术》

· 《每天只要 30 分钟》

· 《60 分钟改造企业》

· 《1 天 1 小时 1 个月就能成为单差点球员》

· 《90 分钟了解公司运作》

· 《3 小时就能学会的最强交涉术》

在网上书店搜寻"1 秒"，就会出现很多符合条件的书，可想而知"呈现所需时间"的书籍出版量有多大。大部分以秒为单位的书籍，其数字本身几乎都没有什么重大含义，只是"瞬间就能达成"

的词语转换罢了。不过，耐人寻味的是，数字也会有使用率高低的差别。

以秒为单位，最受欢迎的数字是1秒、3秒、5秒、7秒、10秒、15秒、20秒、30秒、60秒，以及90秒。由此可发现，一位数通常都是奇数，10秒之后通常都是整数较受欢迎。不过也有例外，9秒是一位数的奇数，在我调查的范围内却没有人使用。另外，一位数的秒数当中4秒也没有人使用。

以分为单位的数字，也出现几乎一模一样的情况。只不过，以分为单位的数字，45分和50分相当受欢迎，这或许与学校的上课时间长度有关。

即便有书名雷同的风险，"呈现所需时间"的书籍还是非常多。之所以会这样，是因为这类书籍都比较容易大卖。

"呈现所需时间"的技巧也适用于博客、网络文章的标题，且大多能够达到一定的效果。首先，必须预估自己要写的主题内容所需的时间。

假设各位现在要写出以"广告文案的撰写技巧"为题的文章，能够快速吸引他人与呈现的所需时间愈短愈好，这两点都是写出好的广告文案的重点。各位可参考下列改善的案例，并加入上述重点，试着改写看看。

普通：虏获人心的广告文案技巧
改善：1秒虏获人心的广告文案力

技巧 10

加入好处与效果

　　站在消费者的立场购买商品时，最关心的莫过于能够"赚"到多少和是否有效吧！相反，如果各位站在卖家的立场，如何传达购买商品能获得的好处与效果，会大大影响销售额的走向。

　　不过，当卖家尚未取得消费者的信任，却又大肆夸张商品的功效时，就会造成反效果。只要对方心里有任何一丁点怀疑，市场反应就会不如预期。再者，根据法律的规定，有些商品不可直接强调效果。这方面需要特别留意。

若要学习此项方法，可参考购物网站上的文案。

　　普通：吸收力强是重点（浴室的脚踏垫）
　　范例：即使一家人洗澡出来，用湿答答的脚踏过依
　　　　　旧干爽

　　普通：经特殊设计，不会造成腰部负担的椅子

　　范例："长时间坐着腰部也不会感到疲倦！"受到

　　　　　有腰痛旧疾者超过 10 年的爱戴

　　上述两个范例都是"通贩生活"网页上的商品说明文案。由此可知，比起介绍商品本身的功能，该网页更强调买家能获得的好处。像这样具体写出购买方能得到的好处，让人感到"啊，这跟我有关！"的概率就会提高。

　　被誉为美国广告公司 BBDO 的传奇文案人员约翰·卡普斯（John Caples）曾在他的著作《增加 19 倍销售的广告创意法》（*Tested Advertising Methods*）提到下列几项"有效提高销售额的宣传重点"。

- ·增加收入
- ·节省开销
- ·安心养老
- ·过得更加健康
- ·在事业上获得成功
- ·获得名声
- ·减少脂肪
- ·让家事变得轻松无比
- ·从担心中解放

　　各位想要"推销"商品时，请先想想自家的商品是否能够提

供上述好处。为此，请务必站在买家的角度看待事情才能有别于以往，达到好的效果。

　　这同样也适用于平常的工作场合。特别是在撰写策划书或提案书时，对于聆听策划案的一方，最在意的应该是"实行该策划会得到什么好处""能够达到何种效果"等问题。显然，标题若能让对方感受到好处与效果，就容易引起对方的兴趣。所以，必须特别留意，一定要呈现出对方"能够得到的好处"。

　　以下的例子，是为了向某个商家说明如何增加销售额的提案书的标题。

　　　　普通：促进销售的提案
　　　　改善：有什么跨时代的方法，能够让你的销售额在
　　　　　　　一个月之内提升 30%？

　　如同改善后所写的，能让接收方感到购买后的好处，对方就会更加愿意认真地倾听你的提案。
　　对于公司内部的策划案来说，若能简单明了地通过主题与标题让大家了解策划通过后能够为公司带来多少好处，就能提高对方通过你策划案的概率。

技巧 11

以列举勾出画面

　　换个方式，改为列举要求，有时反而能让接收方容易理解且印象深刻。在报告或演讲等"口头发表"的场合，采用这种技巧的效果较佳。

　　那么，就从简单明了的典型范例开始看吧！

普通：政府当以发展人民幸福为中心

范例：政府当民有、民享、民治

　　众所周知，这是林肯"葛底斯堡演说"的名言（虽然据说事后有人表示是误译）。但无论如何，若当初他用的是普通写法的文案的话，这句话就无法流传下来。正因为接二连三的列举方式，使得这句话令人印象格外深刻。

　　此外，深受林肯演讲方式影响的前美国总统奥巴马在演讲时，也时常使用列举的技巧。

普通：美国超越人种差异合而为一

范例：没有所谓的非裔美国人、美国白人、拉丁裔
　　　美国人以及亚裔美国人，只有美利坚合众国
　　　而已。

在文章标题中，经常运用到列举的技巧。下列全是出自于女性杂志 *ANAN* 上的文章标题。

范例：

· 身穿西装、戴眼镜，还是运动团体的男子……全
都喜欢！
令人心动男子的 122 个档案

· 清爽盐脸、U–165、擦大楼的窗户……
35 个怦然心动要点大公开！

· 睡过头、不小心哭了、临时的约会……
不知所措时的紧急化妆技巧大公开！！

通过列举的方式增加选项，就能借此让读者发现"这项我也符合"，进而提高读者的阅读兴趣。

接着要介绍的案例，是借列举提高语言力量的奇妙案例。

范例：

· 卷发放下党　不绑头发党　鲍伯头党　直发党

外翘党　编发党
现在的日本有这六个党派!

这是《小恶魔ageha》（辣妹系妆发、时尚杂志）封面的文案。列举6种在辣妹之间流行的发型，并在最后断定"现在的日本有这六个党派"，使得文案显得冲击力十足。

技巧 12

事先预言

有时只要斩钉截铁地预言未来会发生的事情与情景，就能够让接收方认同："喔，原来是这样啊！"无论是谁，没有一个人能够准确预测未来。因此，若能承担风险，斩钉截铁的预言就能成为令人印象深刻的话语。

姑且不谈个人喜好或相信不相信等问题，占卜师与灵媒的言语通常都具有相当的说服力。因为，这些人会替我们预言自己尚不明确的未来走向。只要有人充满自信地断言某件事情，人们就会相信，这就是人类的习性。

让我们来看看以介绍流行信息的网站《掌握潮流！DX》为例的文案。

普通：这季春夏或许会流行"靴凉鞋"！

范例：这季春夏"靴凉鞋"回归！

靴凉鞋是靴款凉鞋的简称，是 2010 年春夏女性时尚备受瞩目的配件。看到范例的预言，人们就觉得流行真的要回归了。

根据相关法律的规定，健康食品等产品，禁止标榜直接的效果。因此，更不能食用或饮用健康食品之后，就直接说出"对 ×× 有效"的话语。即便如此，斩钉截铁的预言，仍可让对方认为有效。接下来，就来看一个类似的文案，一家名叫 ZENZO 的旅馆，推出了减肥温泉住宿行程。

　　普通：如何让小腹收回去？
　　范例：夏天前向小腹说再见！

范例借由预言未来"夏天前"，成功让接收方具体想象了肚子凹进去的自己。

将预言的技巧运用于书名也相当有效。

　　普通：《为了健康，着手提升体温》
　　范例：《提高体温变健康》

《提高体温变健康》（斋藤真嗣著）是销量超过 70 万本的畅销书书名。正是因为斩钉截铁地预言未来，才让书名得以直接说到读者的心坎里。
　　况且，首先该做的事情是看似大家都做得到的"提高体温"。

或许是因为通过每一个人都十分关注的"健康"主题来保证未来，所以引起了多数人的兴趣。

像这样提示该做什么，再进行预言的技巧，也可运用在所有的工作环境中。接着就来看看向老顾客建议导入自家公司系统的提案书标题。

普通：导入 × × 系统的提案
改善：导入 × × 系统，营业利润率提升 5%

若能效法改善后的文案写法，预言做了某事之后就能提升营业利润率，对方就会产生兴趣，进而产生"那就先听听看内容"的想法。接下来的关键就是，能够提出多少证据来替预言佐证。进行预言时，拥有证据相当重要。

这一小节的开头提及了"占卜师和灵媒之所以会受到欢迎，就是因为他们会替我们预测未来"，同理，若只是单纯地预测未来，还无法成为人气占卜师或灵媒师，拥有高人气的占卜师和灵媒师都很擅长提出让对方认同的证据。

工作也是一样。通过文案或书名来预言，就能吸引对方的兴趣。不过，若要由此延伸至生意交流，就要看能够提出多少让对方信服的证据了。

技巧 13

一口炫耀

　　企业或个人想要传递的"情报"，说得极端一点，其实大多是想要炫示。若单纯、直接地自夸，很容易招来大家的反感，而无法虏获人心。这时，有一种方式就是故意作自夸式宣言。说得到位，就能够产生令人印象深刻的文案。

　　下面以全身美容的广告为例。有位年轻女性正在接受面试，大部分面试官都是上了年纪的女性，提出的问题都充满挖苦之意。"你长得很可爱呢！不过，你是不是认为光靠脸蛋就能够走遍天下？"面对这种情况，这位年轻女性究竟回答了什么令人震撼的答案？

　　　　范例：是的，我就是这么想的。而且，我脱掉也很
　　　　　　　厉害。

　　"我脱掉也很厉害"是 1995 年获选为流行语的文案。至今已过了二十多年，还是有人会说类似"我脱掉也很厉害"的句子（但

多是用在负面之意）。

　　这个案例中的主角，在应该要谦虚的时候，反而自豪地说"我脱掉还是很厉害"而令人印象十分深刻。

　　这种方式自夸的手法，其实相当高明。

　　这个广告真正想要炫耀的是广告主，也就是全身美容公司的技术。多数广告都是请艺人、明星代为"炫耀"，但由于观众很清楚艺人、明星只是替企业代言，所以无法留下真正深刻的印象。

　　然而，这个广告是由女性角色来"炫耀自己的身体"，所以不会让观众觉得是企业在直接自夸。正因为炫耀的方式不令人讨厌，才让广告显得格外出色。

　　阅读女性杂志的文章标题，就会发现杂志让"我"感到骄傲。

　　普通：靴子穿搭力高超的女性
　　范例：我最会搭配靴子！

　　普通：介绍帅气的丈夫。
　　范例：帅夫身边，有我！

　　以上范例分别出自于女性杂志 CLASSY 与 VERY 的文章标题，两者皆是让"我"感到骄傲自豪的说法。虽然这里指的"我"是出现在杂志上的读者模特儿，不过从标题的呈现方式来看，却能让读者投影到自己的身上。

　　顺带一提，"帅夫"一词是"帅气的丈夫"的简称，由创造流行语的 VERY 杂志提出。

技巧 14

一口威胁

人类一旦受到威胁，就会有所反抗，但同时也会产生好奇心。"一口威胁"就是利用此种心理形成的手法。健康、自卑、金钱、灾害、晚年以及经济等，将此种手法运用于愈是多数人会感到不安的事情，效果愈是显著。不过，通过威胁以达成目的，并不是高级的做法。如果没有必要，就不要轻率地采用此种方法。

许多有关健康的书籍标题，都会使用这种方法。例如，在技巧 12 中提到的《提高体温变健康》一书的目录，也时常出现"一口威胁"式的标题。

范例：

· 体温一旦下降，免疫力就会降低 30%

· 体温低，癌细胞就会有活力

· 肌肉一旦不用，就会慢慢减少

· 有压力，细胞也会受损

　　只要看到上述断言式的说法，读者就会开始感到不安，担心自己的身体有没有什么问题，进而想要阅读书籍内容。

　　那么，再看看其他的案例吧！

　　范例：三十岁左右的女性也有老人臭！

　　这是《AERA》的标题。中年男人散发异味早已见怪不怪，可却很少有人指出女性也会有相同的情况。30 岁左右的女性若在搭乘公交时，看到这类标语的悬吊式广告，应该会大吃一惊吧！

　　下一个范例中的标题都是出自教养杂志 *President family* 和 *edu*。

　　范例：
　　· 小学生的数学能力岌岌可危
　　· 你是否教出了"妈宝"呢？

　　对于有小孩的父母而言，孩子的事情总是摆在第一位。许多育儿或教养杂志的文章标题，经常使用这种"一口威胁"式的方法。

　　若遭到威胁的事与灾害或犯罪有关，更会令人感到不安。

　　范例：【日本都会圈直下型地震】冬天，新宿 18 点，
　　　　　那时你在哪里？

这是出自《周刊东洋经济》的标题。事实上，当天 18 点有很多人都在新宿。或许有不少人看到这个标题之后，觉得与自己有关而深感不安，进而翻开杂志细看内容。

当有关自己未来的事情遭到他人威胁，也会让人感到莫名不安。

　　范例：无缘社会：一个人的最后去向

这个是《钻石周刊》的文章标题。即便是觉得自己"或许一辈子都不结婚"的人，只要想到自己的晚年，还是会产生不安。而对年轻人来说，虽然可能觉得自己还年轻，可依旧还是会在意吧！

下一个是《日经商业周刊》杂志的文章标题。

　　范例：
　　·持续进化的变态企业　不改变的公司 2 年就会倒闭
　　·银行亡国　放弃"重建"，将会压垮日本
　　·"移民 YES" 缺工千万人的时代来临

看到这些用悲观的态度宣告未来的经济问题，许多人会深感不安，同时不禁思考自己的公司有没有问题？接着，就会想要确认报道的详细内容。

　　这项手法，对于向顾客提出建议非常有效。找出顾客、商品或服务的弱点，再通过"这样下去，就会造成相当严重的问题"的语气点出来。顾客或许会因此感到不悦，可只要让对方了解各位是"真心替顾客、公司着想"，对方大多会愿意再深入了解。

技巧 15

一口命令

　　若随便接收到什么命令，大多数都人会产生反弹。不过，也有人会对接收命令感到愉快。对于竞争激烈、较容易受到忽略的产品，刻意采取命令的态度，反而有机会借此刺激人心。

　　令人意外的是，媒体广告竟然很少使用命令型的文案。原因是害怕引起接收方的反弹。下列范例全是书名。

　　范例：
　　·《钱不要存银行》
　　·《重要的事情都要记录下来》
　　·《不可以看电视》
　　·《别为小事抓狂》
　　·《现金要在 24 号领出》

· 《在星巴克要买大杯咖啡》

这几个范例只是一小部分，尤其是最近几年，以命令句为书名出版的书籍更是不计其数。想必会有不少人认为，大家可能因不喜欢别人随便命令自己，而不会买以命令句为书名的书。不过，否定情感的产生，本身就是内心已经受到影响的证据。

在现今书店琳琅满目的书籍中，这些书名即使会让人有些反感，也比被完全忽略要好上许多。事实上，虽然有些人会感到反感，但也有人对这种命令句无法招架。特别是权威人物所说的话，以命令句呈现他们的话更能达到效果。

以下范例就是很好的例子，这是成为畅销书的《超译尼采》的腰封文案。

普通：让人生成为最精彩的旅程吧！
范例：要打造最精彩的人生之旅！

这句话出自尼采，若采用普通的说法则无法呈现话语的力道，而命令句则正好。

一般认为，在商业场合使用命令句风险相当大。不过，那些以平凡无奇方式寄送的极易遭忽略的直邮广告或推销信件等，可试着刻意采用命令句。此时，若能用否定的命令句"请不要 × × "，效果会更加明显。

普通：真正有心想减肥的人，请务必报名。

改善：如果不是真心想瘦的话，请不要报名。

乍看之下，这个改善后的文案会让人觉得很有良心，但实际上却是命令句，自然而然激起人们的反应，进而影响内心。

技巧 16

直白说出真心话

　　一旦从别人口中听到真心话，就会备感冲击。这是
因为世界上几乎所有的信息都是场面话或符合期待的话。

　　在连续剧中，有一句台词因为完全出自真心而成为流行语。

　　范例：同情我，就给我钱

　　这句台词出自连续剧《无家可归的小孩》，由安达佑实饰演
的相泽铃向导师抛出。正是因为从一位长相甜美的女孩口中说出
与预期不符的真心话，才会产生如此强烈的冲击。这句台词也因
此留在许多人的记忆当中。

　　即使是杂志的文章标题，若能运用真心话，也能造成极大的
影响。

普通：想跟"泡沫世代上司"说的话

范例：一大麻烦！"泡沫世代上司"快离开公司吧！

范例出自于杂志 *SPA！*的标题。这个标题是目前 30 岁左右的员工对于动不动就提起过去泡沫时期的往事，又不对公司有任何贡献的 40 岁以上的上司，想要老实说出的真心话。怀有相同想法的年轻员工，在电车内的悬吊式广告上看到这个标题，自然而然就会产生兴趣。

下面的范例出自杂志 *AERA*。

普通：虽然替妻子的晋升感到高兴

范例：无法替妻子的晋升感到高兴

这个标题巧妙地推测了读者内心的想法，并用语言呈现出来。想必不少人看到这个标题，会因为"跟自己的真心话相符"而大吃一惊吧！由此可见，*AERA* 的标题多能成功掌握当下的时代气氛。

直白说出真心话，有同感的接收方就会产生共鸣。

技巧 17

将错就错

仔细想想，即使不符合逻辑，只要将错就错、斩钉截铁地表达意见，接收方还是会觉得"会不会真的是这样"。将错就错、斩钉截铁的语言，时常会带着强大的力量动摇人心。

下一个范例出自 1981 年的广告，虽然有些久远，却在当时成为红极一时的话题，更被选为流行语。

范例：艺术就是爆炸！

"艺术就是爆炸！"一句台词是艺术家冈本太郎先生在拍广告时所说的台词。冈本太郎先生的原意是指"艺术不受规则所限，需要足以爆炸的能量"。但因为广告效果改成简短有力的台词，而成为热门话题，更拿下当年的流行语大奖。

下一个范例是芬达橘子汽水的广告文案。

普通：相当接近橘子的味道

范例：比真正的橘子还有橘子味

芬达橘子汽水是无果汁成分的碳酸饮料，也就是说橘子只是一个名称，里面完全没有任何橘子果汁的成分。市面上明明就有100% 的橘子果汁，却刻意将错就错表示"比真正的橘子还有橘子味"，因而形成有冲击力的信息。

再来一个范例，这是漫画《草莓棉花糖》（Barasui 著）的腰封文案。

范例：可爱即正义

很奇妙的是，引起话题的文案，几乎是很少出现在漫画腰封上的。虽然 "可爱"与"正义"这两个词在逻辑上并没有关系，但仍然将错就错，说得斩钉截铁，这样的做法引起了网络上的争论，因而成为令人难以忘怀的文案。

如同这一章的介绍，即使只是做到坚定说出、高声宣言，也能够创造出强而有力的文案。请各位培养习惯，在策划书、报告书、博客及 Twitter（推特）等文章上，或是在会议的发言上，都要尽量减少模糊不确定的语气。

专栏 2
日本江户时代的文案名人

到了江户时代后期（约公元 1800 年），江户已成为日本第一的大都市，商业活动繁荣兴盛。相当于现在广告传单的"引札"开始遍布整个城市。著名的发明家平贺源内，同时也是一位相当活跃的引札文案作者，也就是现在所说的资深文案者。此外，平贺源内也具有兰学家、医生、画家以及作家等多重身份。

据说，为了预防夏季倦怠症，在"土用丑日"（按日本旧历推算的特定日期，约莫是一年中最热的一天）食用鳗鱼的风俗，就是出自平贺源内的点子。当时，每到夏天鳗鱼屋的营业额就会下滑，此情形俨然已成为常态。鳗鱼屋老板上门求助："看看有没有什么办法？"源内于是写下"今日土用丑日"几个大字，并建议老板张贴在店门口。据说是从"丑日吃以'U'发音开头的食物有助于身体强健"这个古老智慧中得到灵感。

之后，该鳗鱼屋照做，生意果真开始兴隆，于是其他鳗鱼屋也争相效仿，"在土用丑日吃鳗鱼"的习惯因而扎根。强势宣言或许就是此案例成功的秘诀。源内也曾为刷牙粉、麻糬屋及麦饭屋写下知名文案，他可以说是文案界的先驱。

除此之外，《南总里见八犬传》的作者曲亭马琴、《东海道中膝栗毛》的作者十返舍一九、山东京传与式亭三马等剧作家，也写过为数众多的引札文案，对当时的商店业绩有不少贡献。

那时，江户的街道充满了文案。

第三章

让读者思考

技巧 18

试着提出问题

　　人类只要被问到问题，自然就会"想知道答案"。利用人类的习性，试着向接收方提问，也会达到一定的效果。

　　请各位看看以下范例，这些都是因为提出问题，而成为一大话题的文案。

　　范例：为什么要问年龄？

　　范例是 1975 年新宿伊势丹百货的报纸广告文案，构思者是土屋耕一先生。

　　这系列在当时可说是备受瞩目，即使在此之前，可能已有不少人曾以相同概念写过文章，但人就是如此，只要被问到"为什么"就会重新思考："为什么会这样啊？"

　　由于当时正是女性进入职场遭热烈争议之际，因此该文案一出来，恰好符合时代潮流。

下一个范例也是伊势丹的文案，出自 1989 年。同样也是通过提问而成为话题。

范例：你的恋爱，休息了几年？

看到这个文案，或许很多人会感到惊讶。"谈恋爱""没谈恋爱"的说法很常见，但"恋爱休息"却是非常新奇的说法。这个句子后来还成为连续剧剧名，文案构思者是真木准先生。

接下来从杂志来看"提出问题"的范例。

普通：公司"工作满意度低落"的理由
范例：为什么公司的"工作满意度低落"？

这是 *President* 杂志特刊的文章标题，无论对于公司员工还是经营者来说，都是刺入心坎的问题。如同前面技巧 1 所说，只要能让对方认为与自己有关，对方阅读的概率就会大幅提升。

普通："能生却不生"是个社会议题
范例："能生却不生"是罪过吗？

这是杂志 *AERA* 上的文章标题。有些女性想生小孩却无法生育，但也有些女性可以生育却选择不生。这固然是个人的自由，可是对于可以生育但选择不生的人来说，却时常直接或间接遭受到来自社会的压力。该标题确切点出时代氛围，进而吸引了被点名或潜在的女性读者，甚至会引起男性的注意。

普通：与男友妈妈见面的注意事项

范例：拜访男友妈妈！这个时候你会……

这是针对二十几岁白领女性的杂志 *CanCam* 上的文章标题。对于年轻女性而言，第一次与男友妈妈见面难免会感到紧张或忐忑不安。于是一旦被问到你会怎么办，就会不禁自动陷入思考。

甚至在看到标题前不曾想过这种事情的女性，也可能会因好奇而想看看文章的内容。

对于文案撰写者来说，运用这种提出问题的技巧司空见惯。但如果是平凡又了无新意的提问，受到忽略的风险也相当高。

若要在工作场合使用这个手法，请试着站在被问问题者的立场思考。那个问题是否会有任何新奇发现？提问会不会尖锐到令人无法招架？提问能不能促使对方采取行动？

技巧 19

针对远大的目标

　　对于他人重新提出自己从未感兴趣或是完全没想过
的事情，人们常会觉得"这样似乎也不错"。不过，需
要特别留意的是，大家对于普通的提案早已兴致缺缺。

　　由传递的一方单纯向接收方提出邀约："要不要××呢？""一
起××吧！"是最简单的文案形式。网络、传单及杂志标题，充
斥着类似手法的文案。若是邀约内容还算新颖，可能还有一些效果，
不过若要写出令人印象深刻的文案，就必须让接收方发出有"哇喔"
般惊呼的感受。如下面的例子。

　　普通：各位日本人，再多休息一会儿吧！
　　范例：让日本休息吧！

　　范例是 1990 年 JR（Japan Railways，日本铁路公司）东海年度
活动的文案。由于不是采用普通的提议方式，而是高声疾呼："让

日本休息吧！"而成功地让接收方眼前一亮，产生"哇喔"的赞叹。

　　普通：去看《狮子王》吧！
　　范例：一生一次，《狮子王》！

　　范例是四季剧团针对音乐剧《狮子王》的广告文案。因为是从"一生一次"这么远大的角度切入，而让接受方留下了深刻印象。

　　普通：无论如何都希望你能来我们公司
　　范例：你想就这样卖一辈子糖水，还是改变这个
　　　　　世界？

　　上述范例是苹果的创办人史蒂夫·乔布斯在1983年挖角当时担任百事可乐总裁的约翰·斯卡利（John Sculley）时所说的说服之词。乔布斯不是提出寻常的待遇或条件，而是提出远大的提案，也就是用"你想不想改变这个世界"来触动斯卡利的心弦。

　　这项手法同样可以用在各位的工作之中。各位在提案时，不要只考虑公司眼前的利益，而要意识到业界、国内及世界等远大目标。当然，如果内容空洞也会沦为笑柄，所以，为了不沦为笑柄，请务必竭尽全力思考充实的内容。

技巧 20

触发好奇心

　　人类与生俱来有好奇心。当好奇心受到激发，就会
产生想要知道答案、想要尝试看看的心情。

　　有一种手法在电视娱乐节目中往往会一而再，再而
三地使用。那就是在节目播到高潮时戛然而止，接着画面上就会出现字幕，
显示"在这之后，××做出了令人意想不到的举动"，然后再将
镜头带到摄影棚内来宾们"哇！"的惊讶表情，最后就进入广告。

　　另外，选秀或竞赛节目的常用手法，就是在公布第二名之后，
说："众所期待的第一名，将在广告之后揭晓！"

　　这种让精彩情节"跨越广告"，正是利用人类好奇心的典型
手法。人类只要遇到谜题或疑问，往往会想要知道答案。虽然一
般而言，大家也都知道那不是什么必须特别留意的信息，但还是
会忍不住想要等到广告之后看结果，这就是人之常情。

　　其实，大部分的推销邮件都是利用这种心理而写成的。各位
是否曾看过下列类似的广告邮件呢？

范例：各位上班族：我一个礼拜只要工作 3 天，就
能得到相当于一般人 5 倍的收入。想知道这
个秘密的人，请点进以下网址……

看到上述内容，应该有一些人会因为想知道究竟是什么秘密，
而忍不住点进网址吧！（不过，现在这种邮件太多了，觉得很可
疑而不予理会的人应该更多才对。）

此外，还有借由隐藏最重要的信息，进而诱发好奇心的手法。

普通：写好文案让你赚 100 倍

改善：写好文案让你赚 100 倍的秘诀相当简单。
只要将 ××××，×××××× 就好了。

因为已经透露了一些（通常是最无关紧要的部分），但最重
要的信息没有公开，就会让人对答案产生兴趣。

顺带一提，报纸上的电视节目表，或是各种网站的新闻标题
也都会使用这种相同的手法。例如，"知名女星结婚了！"这种并
未具体写出女星名字的时候，通常就是不够有名的女星。一般来说，
如果对方是写出名字就能带来较大热度的女明星，几乎都会写出
真名。

技巧 21

试着喃喃自语

有时候，若以喃喃自语的方式呈现文案，就能让接收方产生是自己这么说的感觉。

这种文案可能只是一句看似不经意的话，好像任何人都能够自然地说出口一样：

范例：对了，那就去京都吧！

这是 JR 东海京都观光活动的文案，从 1993 年起到现在从未更改。至今不知有多少人看到这个就会不禁喃喃自语："对了，那就去京都吧！"然后就真的前往京都游玩。

此外"对了，去 ×× 吧！"或是"对了，就做 ×× 吧！"等类似的句子，在杂志、电视、网络等各种媒体上使用频率都相当高。只要和接收方的情感状态一致，人类就有可能陷入是自己在这么说的错觉。

这个手法用在实体店面的 POP 广告也相当有效。想象一下，有位顾客对手机没有特别要求，正在电器商场选购手机的情景。

普通：功能简单又容易上手

改善：手机这种东西，只要能打电话、发短信和照相就够了

这位顾客看到上述改善版的 POP 内容，会不会忍不住想要将那部手机拿起来试试看呢？这就是消费者在看到 POP 之后，产生了好像是自己这么说的感觉。

再看一个店内 POP 的案例吧！

范例：可恶，好想参加这本书的制作！

范例是一个以"可尽情游玩的书店"为概念的知名复合式书店 Village Vanguard 内陈列的 POP 广告。这篇 POP 宣传的产品是偶像写真集。对粉丝来说，应该会觉得自己也会说出这句话而对该商品感兴趣。

"喃喃自语"很容易被误认为是自己对自己说话，但其实是用文案替大家说出内心的真实想法。在 Facebook（脸书）等社交

媒体上也是一样，如果想要得到更多人的响应，就要丢掉以自己日常生活为题的自言自语的习惯，而是要在心里想着"替大家说出心里话"，如此一来必定能够获得不错的反响。

技巧 22

让对方深有同感

想要提升"广告文案力",让接收方获得同感是相当重要的事。各位务必培养习惯,随时思考自己写出的文案是否确实能让对方产生共鸣。

能够获得同感的方法不止一种。其中,将技巧21的"喃喃自语"方法延伸,"直接写出接收方的心情"不仅简单而且容易理解。

我时常看到女性杂志的标题为了让读者代入感情而采用这种方法。请看看下列范例。

普通:今年春天,就从可爱的衣服毕业吧!

范例:春天,不只想要可爱!

这是出自女性杂志JJ的标题。如果标题就像是替自己说出潜在的心情,读者就很容易产生"自己就是这么想的"的感觉。下一个范例也是相同情况。

范例：

· 手长脚长的"模特儿"根本无法当作参考！！

我想看看与自己同身高女孩的穿搭

· 有钱就会用来满足物欲？所以减肥就要不能花钱

这些都是出自《小恶魔 ageha》封面的文案。这些文案就像是替每一位读者说出自己的心声，接收方会因此感到与自己有关而深有同感。

若能通过此技巧撰写电子报或博客等的题目，便能提升效果。例如，下列用法。

普通：iPad 简易使用方法

改善：虽然买了 iPad，却不知道怎么用！

普通：Facebook（脸书）入门

改善：Facebook（脸书）有不认识的人发交友邀请，

怎么办？

这两个例子都是直接代替接收方说出他们的心情。如果有人有相同的感受，就会想要阅读内容。

技巧 23

刻意拉长句子，强调意思

一般认为书名、标题，以及广告文案等都是短句较好。不过，这并不绝对。因为有时也会刻意拉长句子让其显眼，这有强调的意思。

从前总是认为，尽量缩短书名是常识。但最近却有愈来愈多的商业书籍的书名愈变愈长。

范例：

· 《提供大碗饭的婆婆食堂一定会生意兴隆》

· 《就算客人白吃白喝，也别请工读生》

· 《20 岁的你，如果不认真看待工作与金钱，会很危险！》

· 《社长！如果你总是乖乖听银行行员的话，公司就会倒闭》

这些例子都是将书名拉长，进而达到概述内容的目的。下列案例也是出自于《小恶魔 ageha》。

普通：年度总决算期　大奖公布
范例：

· 今年也有会愈合与无法愈合的伤口，令人感慨！
回顾过去一年，虽然辛苦，但每年惯例的总决算
还是照旧进行
· 今年的大奖是大家都在用的 W 眼线
· 化妆与不化妆，眼睛的大小差别高达 1.5 倍

当读者看到这么长的标题，可能会因此觉得："啊，我了解这种感觉。这期内容就是我想看的，要买。"

在写简报时，有时候只要刻意将平常应该缩短的地方拉长，光是这样就能够强调自己想说的话。

普通：关于活络卖场的提案
改善：为了让贵公司的卖场成为一个光是进入就能
感到兴奋不已，甚至足够刺激、多变到能够
收取费用的地方，该做的第一件事是什么？

如果听到以此为题目的简报即将开始，谁都会想要认真听吧！

技巧24

锁定目标

      绝大多数人在扩散广告讯息时，总会希望能让越多人知道越好。不过，这样一来就会让文案变得俗气，难以打动人心。为了让接收方"有感"，锁定目标是相当有效的方法。如果文案是针对特定目标所写的，就更容易让特定的接收方觉得与自己有关。

      杂志的标题常是针对某个特定年龄层的。以下三个案例，全都是采用如此方法。

    普通：结交朋友的方法

    范例：从35岁开始，结交朋友的方法

    普通：黑熊猫妆　白熊猫妆

    范例：30岁更需要的黑熊猫妆　白熊猫妆

普通：栽培"杰尼斯"的方法

范例：40 岁开始的栽培"杰尼斯"的方法

上述案例依序是 *SPA！*、*VERY*、*STORY* 杂志的文章标题。三个都是以年龄作为区别，但其实这就是杂志读者的年龄段。也就是说，看似缩小目标范围，其实并非如此，正因为锁定年龄，才会让读者认为："是不是在说我？"

看到范例就可以知道，将原先针对年轻人设计的内容加以处理，改编成适合较年长者的信息，就能得到不错的效果。

书名也是如此，依据年龄锁定目标读者的方法相当盛行。正因为现今出版的书籍太多，如果无法让读者认为与自己有关，根本不可能让读者拿起来多看一眼。

下列介绍几本书名包含年龄的书籍。如同技巧 9 中提到的用书名"具体呈现所需时间"，有些常用的数字在年龄上亦常用。有些年龄使用频率较高，也有些鲜少出现的数字，深入调查会发现相当有意思。

虽然目前几乎没有"从 70 岁开始"或"从 80 岁开始"的书，但未来若老龄化情况加剧，或许这类书籍会增加。

范例：

· 《理所当然却难以做到的 25 岁以后的规则》

· 《28 岁以后的现实》

· 《30 岁再次受欢迎！大人的成功恋爱法则》

· 《35 岁之前一定要培养的 10 个工作习惯》

- 《40 岁才开始成长的人 40 岁就停滞不前的人》
- 《50 岁开始不生病的生活革命》
- 《60 岁开始的简单满足的生活》

仔细观察这些书名，虽然使用"从""到"等词，看起来已锁定目标，事实上并非如此。

区别锁定目标的方式有千百种，除了年龄之外，还有地区、时间、性别，以及身高等。

越是针对某个目标对象，符合该条件者就越会对号入座，产生兴趣。尤其是突如其来的广告，愈是缩小目标，就愈能打动接收方的心。

因为目标群体范围广大而难以锁定明确对象，这应该是多数人的烦恼。这时，可试着采用这个"看似锁定客群，实则不然"的手法。

以汽车保险的推销信为例。

> 普通：给所有的车主
> 改善：给所有希望节省汽车保险费用的车主

依照普通的写法，呼吁对象的范围过大，难以让接收方联想到与自己有关。于是，采取"看似锁定客群，实则不然"的手法呼吁对象客群。只要是开车的人，每一个人都会想要节省汽车保险费用。只要遵循这个方法，就可提升别人对号入座的机会。

接下来，就要具体地锁定目标。

> 普通：给所有的车主
> 改善：给所有想要节省汽车保险费用，又只在假日
> 　　　开车的车主

加上"只在假日开车"的条件，就能进一步锁定目标。实际上，在工作时不需要开车的人，大多就只会在假日开车。这就是看似锁定目标，其实则不然的手法。如此一来，就能让接收方认为"啊，是在说我"，进而提升接收方的兴趣。

那么，再更进一步缩小目标看看。

> 普通：给所有的车主
> 改善：好消息只给符合以下三大条件的车主：想要
> 　　　节省汽车保险费用！只在假日开车！30 岁以
> 　　　上的车主。

上面是以"30 岁以上"为年龄限制缩小目标。但事实上，车主 30 岁以上的居多。因此，这也是个看似锁定目标，实则不然的手法。采用此手法，便会有许多车主认为是自己的事，进而产生兴趣。

技巧 25

降低门槛

传递讯息时，只要降低门槛就会让接受方认为"自己也可以做得到"，使其产生参加的意愿。这个道理同样适用于做生意，首先需要降低门槛，让顾客试用，进而有机会让顾客消费正式的服务。

许多书籍会取"日本第一简单""世界第一简单""每个人都做得到""初学者的""第一次""××入门""××的说明书"，以及"猴子也能了解"等看似做起来易如反掌的书名［本书的日文书名直译也是"广告文案的基本"（キャッチコピー力の基本）］。

这都是为了让对该领域一无所知、首次拿起这类书籍的读者，能够因降低的门槛留下好印象。

这项方法可与技巧 24 提到的"锁定目标"的手法并用，例如将"不会收拾整理""不善言辞"或"凡事不长久"等多数人内心的自卑当成标题。因为这些是多数人的通病，乍看之下锁定了族群，其实却没有，反而借此降低了门槛。

对做生意来说，降低门槛的方法也相当实用有效，下列以加油站的招牌或海报来说明。一般来说，即使我们"只想洗车"，应该也不太敢为了纯洗车去加油站吧！不过，如果有下列招牌的话，事情应该会有所不同。

范例：纯洗车也欢迎！

看到这种招牌，就比较没有顾虑吧！如果让顾客对服务留下良好印象，或许会因此而成为常客！

再者，如果餐厅的装潢让人难以靠近，不妨在店门口摆出下列招牌。

范例：
- 欢迎一个人的顾客
- 只想喝一杯咖啡也请进！

如果认为顾客只喝一杯咖啡赚不到钱，就大错特错了。即使这次顾客只喝一杯咖啡，却有可能因为受到服务而感动，未来可能会再度光临享用正餐。

先前急速成长的酒类连锁专卖店 Kakuyasu，就打出"东京23区，一瓶啤酒即免运费"的广告台语。该广告语成功的主要原因就是将免运费的门槛降低至"一瓶啤酒",不过实际上真的只购买一瓶啤酒的人应该是极少数。

若要着手开发新产品或替新产品命名,采取"降低门槛"的策略,往往能得到不错的效果。

请参考以下替减肥法命名的案例。像减肥这种大家都认为需要经过一番辛劳才能获得成果的事情,强调轻松达成就是重点。

范例:

· 围着就能瘦

· 贴上就能瘦

· 睡觉就能瘦

像这种有"只要××"含义的说法,就是降低门槛的"神奇字句"(参考技巧58)。

此外,食谱的命名也可以参考这种方法。一般而言,大家都认为做菜很花时间,因此,宣传可以轻松做料理就是关键。以下举出几个例子。

范例:

· 微波炉就能做出的超简单白酱

· 无论是谁都能做出的居酒屋锅烧乌龙面

· 简单到难以想象的芝士蛋糕

　　"超简单""无论是谁都能做出""简单到难以想象"等都可成为开发新产品或命名产品的启发。愈是给人耗时形象的商品，愈可达到良好效果。

技巧 26

老实说

　　老实说出自己的缺点，反而得到对方信任的案例非常非常多。因此，有时对于自己的缺点，不妨大方公开承认，这也是一种有效的宣传方式。

　　此范例是播放多年的青汁（一种以植物为原料的机能饮品）广告，也是八名信夫先生喝下青汁后所说的一句话。

　　普通：啊，好喝。再来一杯！
　　范例：啊，好难喝。再来一杯！

　　据说，分镜脚本里原本没有这句对白，这是八名信夫先生不经意说出的话，然而这句话却得到了商品公司负责人的同意及采用，实际播出后，反应相当热烈。正因为用了"难喝"这个在广告中不可能出现的诚实的词，反而让观众留下了深刻的印象。当然，或许因为这是以健康为要求的商品，味道并不是那么重要吧！

撰写 POP 时，这种"老实说"的手法也相当有效。

普通：花钱买品质！

改善：老实说，原本觉得有点贵，但用过之后，效果却十分惊艳！

普通：好吃的小黄瓜

改善：外表不中看，味道却是最棒的！

上述两个案例应该都是改善后的较能引起消费者的购买意愿吧？这都是因为两者皆先老实说出缺点，再告诉消费者"但是，却有这般优点"。通常只要推销方先承认缺点，人们就会对后面提及的优点更容易接受。

在工作场合中，"老实说"也能充分发挥效益。比如在推销或进行报告之前，自己先说出对方可能会特别攻击的缺点。因为被推销或听取报告的一方，通常都会带有警戒心，认为"自己或许会受到三寸不烂之舌的攻击"。这个时候，若对方听到自己先承认了缺点，就会卸下心防。

接着，只需要在老实说出缺点后，强调商品或提案的优点能超过缺点即可。不过，在此必须留意的是，关于商品或提案的缺点，不能是对方眼中的致命缺点。

技巧 27

切身搭话

　　此项方法与技巧 18 中提到的"试着提出问题"类似，是一种通过诚恳的态度，针对更私人的问题询问的技巧。如果询问的方式能让接收方下意识地回答"是"，就能让对方认为是在与自己对话。

　　"切身搭话"的方法在撰写销售信函、店门口的招牌、POP 或是网络购物等的广告词时格外有效。可参考下列搭话方式。

　　范例：最近是否开始在意腹部脂肪了呢？

　　看到这个文案，在意腹部脂肪的人应该忍不住在心中回答："是的！我很在意！"若是如此，就会提高这类人读完整篇文章的可能性。

　　搭话型的语句愈是符合接收方在意或烦恼的事情，就愈能发挥效果。

如果在骨科诊所的门口招牌上看到下列语句，各位会作何感想呢？

范例：你已经放弃治好疼痛了吗？

如果是美容院，可以尝试下列文案。

范例：你真的喜欢现在的发型吗？

对于超市的食品贩卖区，则会有下列文案。

范例：妈妈们，每天想着菜色很辛苦吧？

以上述的搭话方式撰写文案，顾客就会感同身受，继续看完相关说明的可能性也会提高许多。

这种搭话的技巧，也适合用在提案、报告等场合。假设现在要向老顾客提出提升营业额的方案。

普通：提升本月营业额 50% 的方法
改善：想让本月营业额提升 50% 吗？

看到普通的标题，接收方就会先在心中打个问号。若是像改善后那般能够切身地搭话，听者就会忍不住在心中回答："是的！"

　　若能够让对方在看到标题或广告文案时就先让对方回答："是的！"那么顾客对于提案的内容往往会有相同的反应，也就是说顾客很有可能会认同你的文案。

技巧 28

用猜谜的方式出题

人类只要看到猜谜，就会产生"按捺不住想知道答案，想要继续看下去"的心情。因此在电视节目中会常看到先出题，再说"广告回来后揭晓答案"的情况，这就是充分利用人类心理的模式。

东京 JR 山手线或中央线快速列车的车厢门上，可看到名为火车频道的数字广告牌，没有声音，只是静静地播放天气预报等资讯或广告。有时会出现猜谜，下列举出实际题目。

范例：Q1 "生卵"和"生玉子"哪一个是正确的日文汉字？

范例：Q2 "等闲视之（なおざり）"跟"敷衍（おざなり）"的意思有何差别？

这两个问题虽然看似知不知道都没有什么问题，但各位不会好奇答案吗？（答案在此项技巧结尾揭晓）

　　这项技巧可适用于所有的广告或推销信件。为了提升网络广告的快速回应率，透过猜谜形式呈现广告词，是相当有效的方法。此外，推销信件也是，在信封表面出谜题，就有机会提升收信者打开信件的概率。

　　不过，如果猜谜题目与想打广告的商品联结性过强，就有可能完全无法引起接收方的兴趣。因此，最有效的方式就是从一般性的题目切入，再与广告产生联系。

　　以猜谜的方式呈现博客或电子报的标题，接收方就会在无意中产生想要继续看下去的心情。这样一来，便能增加阅读率和开封率。

　　从书中找出谜题的灵感，并放在腰封上当成广告文案，应该也会很有意思。接收方看到题目，就有可能因为想知道答案而拿起该书阅读（虽然也有只是站着确认完答案就放回去的风险）。

　　各位不妨将此技巧运用在撰写策划书或简报之时吧！在标题设计问题，对方就会想要知道答案。不过，这时与广告不同，必须设计与提案内容相关的题目。如果题目与内容毫无关联，就会转移接收方的注意力，反而可能让内容失去焦点。

　　※Q1解答："卵"是从生物学的角度来看，而"玉子"则是对经过烹煮的食材而言的。由于食材可以是烹煮前的状态，所以两个都是正确答案。

　　※Q2解答："敷衍（おざなり）""等闲视之（なおざり）"都含有"随便"的意思。不过，以结果来说，"敷衍"有做出了某种应对的结果，而"等闲视之"却是指在中途放弃，或是一开始就没有作为的状态。

技巧 29

激发改变的斗志

只要发现继续这样下去"前途堪忧",人们就会产生"必须做些什么"或是"必须有所改变"的想法。

在各类书籍中,心理励志、个人成长类型的书籍目标在于唤醒读者思考并付诸实际行动。正因如此,最重要的就是让读者认为:"再这样下去前途堪忧,必须有所改变!"

《无法整理,但是又没时间:七个步骤改变"散漫不已的自己"》(*It's Hard to Make a Difference When You Can't Find Your Keys*, Marilyn Paul)是一本从书名就可看出是属于个人成长类型的书籍,原书名直译是"无法找到最关键的东西,就难以改变"。

这本书腰封的广告词就给了读者相当强烈的印象。首先,请看下列的范例。

普通:你的书桌整齐吗?

范例：书桌上的丑态反映你的人生

"书桌不整齐的你"在书店看到这句广告词，应该会心头一震，感到"就是在说我吧！"接下来就会拿起书浏览目录。若目录的标题也给人相当强烈的感觉，就会让人认为"这样下去未来堪忧""必须有所改变"！

范例：

- 书桌上的惨样，就是你人生的缩影
- 光是下定决心"在这个周末大扫除"是没有用的
- 懒散的人是找借口的天才
- 是说出来寻求帮助，还是继续"耻上加耻"
- 推延下决定的时间，就像是将垃圾（未决之事）
  丢给未来

各位觉得如何呢？看了这些目录，是不是觉得"这样下去，未来一片黑暗"，或是感到"必须有所改变"呢？如果大家看完会有这样的想法，应该就会拿起书去柜台结账吧！世界上有许多人不仅无法整理自己的书桌，就连自己的人生也无法安排得井然有序。这本书因此成为销售超过 12 万册的畅销书籍。

在工作层面上，各位可以试着在策划书或简报提案的标题上运用这项技巧。

　　若有强烈渴望接收方察觉之处，便可通过加入"这样下去，未来一片黑暗"或是"必须有所改变"的信息，令人印象深刻。只不过，请务必留意，若做得太过火，也可能会引起反效果。

技巧 **30**

利用排名

　　现今社会信息泛滥，"引起疯狂抢购"或"广受好评"等事实，往往能成为一大卖点，因为人们通常会对很多人购买的东西抱有极大兴趣。因此，许多书店、唱片行、饮料店等店家都会展示销量排行榜。

　　最近，最受瞩目的就是通过排名介绍某种信息的电视节目。从前歌唱节目盛行，近年以排名为主要内容的节目大幅度增多。采取公布排名的形式总能令观众愿意把节目看完。

　　报纸上常看到的书籍广告，除了会强打销售量之外，也会详细刊登书籍在各大书店的排名顺序。传递出"很多人购买"的信息，就很容易引起读者"想要阅读"的心情。

　　光是榜上有名就能获得极大反响，更不用说得到"第一名"会有多么大的优势了。好莱坞电影从以前开始，就常在电影预告中出现"全美第一"的宣传字眼。

　　在现实生活中要获得第一名，其实有一定难度。这时不妨通过"缩小范围、自定义条件、改变标准"来得到第一名。好莱坞电影会以"全美第一"的字眼宣传，其实是因为有为期一周或上映首日的条件限制，只是标示文字一般小到看不清楚（题外话，"全美哭泣"或"震撼全美"之类的字眼也很常见）。

此外，许多书籍时常标榜荣登"亚马逊第一名"，仔细一看就会发现并非是总榜第一名，而是分类排行榜中的第一名。这就表示"第一名"的头衔具有相当大的影响力。

接下来就介绍一些利用排名权威所写成的广告文案吧！

> 普通：在大学生的消费生活协同公会中最多人看过的书！
> 范例：东京大学与京都大学最多人看过的书

范例是销售超过一百万册的超级畅销书《这样思考，人生就不一样》的腰封广告文案，该书出版于1983年。

就因岩手县盛冈市的某位书店店员在该书上贴了手写POP，上面写着"我不禁在想……如果能在年轻时遇到这本书就好了"，而使得该书广受中老年族群的欢迎。

出版社嗅到商机，于是在腰封上添加此文案，造成本书在日本各地书店热卖的情况，一年后这本书的销售量便突破了50万册。其后虽有段时间热卖风潮渐缓，却在2009年2月再次打出"范例"文案："东京大学与京都大学最多人看过的书"，使得销售量再次狂飙，不到半年时间，就超过了100万册。这就是善于利用在特定条件下得到第一名的案例，使读者自动解读该书"在日本最知性的地区热卖"而引起兴趣。话说回来，几十年前出版的书籍，竟然能通过腰封文案的力量就大卖，可见"广告文案力"实在不容小觑。

在职场中，也可以通过针对特定领域获得成就的事实，打造出多种第一名。例如，居酒屋的菜单就可以做成下列样子。

范例：

· 最受女性顾客欢迎第一名！

· 不知为何，受 ×× 型顾客欢迎第一名！

· 店长推荐第一名！

· 常客都会说"这个第一好吃"！

· 夏天畅销第一名！

· 昨天卖得最好的料理！

· 工作人员推荐的第一名！

· 去年的日本酒 MVP！

· 2010 年荣获本店年度最佳烧酒奖！

像上述案例一样，只要改变观点，就可以培养出无数个"第一名"。只要听到"第一名"就会"想要试试看"，这就是顾客的心理。

技巧 31

强调稀有性

　　《影响力：让人乖乖听话的说服术》一书中也强调，人类对于"稀有性"总是特别无法招架。一旦知道那是"难以得手之物"，就会不顾一切想要弄到手。

　　再者，通过限定确切的时间，也能提高稀有性。人类总是会将快失去的某种东西视作有价值的事物。

　　销售产品时，强调商品的稀有性可以说是基本中的基本，这也表示此技巧确实能带来效果。

　　无论在实体店铺还是网络上，常会看到强调数量有限的销售手法，例如"限定××个""只能买××个""只剩下××个"的说法。商家之所以会这么做，就是为了让顾客意识到"如果不早点下手，就会买不到"。

　　此外，利用"仅限今天"造成时间的稀有性也相当有效。"下次进货时间未定""本店独家产品"等字眼也可以推动顾客作出购买决定。因为人类对于稀有性总是难以抗拒。

各位可参考以下寿司店菜单的文案。

普通：金枪鱼鳃进货了
改善：一只金枪鱼只有数十克的稀有部位

像改善后的案例一般，特别强调其稀有、罕见，就能大幅提升物品价值。

此技巧亦可运用在上班族的工作之中。例如，推销商品时，可以限定贩卖的时间或销售数量。以"网络商店限定"或"只限VIP 会员购买"等说法，强调无法轻易入手也是提高稀有性的做法之一。

不过，在此务必需要留意的是，如果明明有许多库存商品，却不断强调其贵重稀有，总有一天事情会被揭穿。正是因为此技巧效果显著，所以更应该避免胡乱使用的情况。

此外，还有一种强调稀有性的方法，就是着眼于一般人会忽略的观点。如下：

范例：今年的圣诞节一生只有一次

看到这句话，大家是不是突然觉得今年的圣诞节格外具有价值？虽然这件事情极为理所当然，却是平常没有人提及就不会特别注意的事情，借此强调其稀有性也是相当有效的技巧。

技巧 32

认真提出请求

想要对方付诸行动执行某件事情，其中一种方法就是"坦白认真地提出请求"。让接收方感受到传递方的认真程度，接受方的心就比较容易被打动。

下列是一个毫无遮掩，直率表达认真请求的例子。1985 年由小泉今日子女士代言的感冒药广告，给许多文案工作者带来了不小的冲击。

范例：请购买 BENZA　ACE　A（感冒药）

我相信所有广告其实都想老实呼吁各位"请买 ××"。不过，就算老实说出心里话，也不一定就能引起消费者的购买欲望。因此，长久以来广告才需要加入多种修辞技巧来打动人心。不过，上述范例却是打破陈规，直截了当地说出"请购买这个商品"。这是由仲畑贵志先生写的文案。

　　人类总是难以抗拒他人的认真请求，不过，请注意这项技巧可不能重复使用。

专栏 3
"影响力的武器"是该使用？还是该小心？

明明没有人教过，可是人类天生对于某种信息或行为就会反射性地产生"固定行为模式"。虽然因为民族、种族以及文化的不同，或多或少会有些差异，但大部分都有此共通特征。我们总是认为"自己是经过全面思考后才付诸行动"，但事实上大多时候都是未经缜密思考就回答了"Yes"。

我们无论喜欢或讨厌一个人，只要能从对方那里获得东西或帮助，就会产生"回报"的心理，这就是所谓的"互惠原理"。一般认为，在漫长的历史中，人类从经验中学到"接受别人的恩惠后，比起忽略，有所回报更能得到较好的结果"，从而会出现上述反射性行为。

技巧31提到的《影响力：让人乖乖听话的说服术》（罗伯特·席奥迪尼著）就是从社会心理学的角度，探讨人类的这种行为模式。

席奥迪尼在该书中提及下列"武器"会让人产生上述反射性行为。

1. 互惠原理

受到他人帮助，如果不回报，就会感到不舒服。

2. 和承诺一致原理

一旦做出某种宣示，就无法将其颠覆，说出相反的意见。

3. 社会认同原理

总是认为自己不会随波逐流，可实际上却很容易受他人行为的影响（或同意他人的意见）。

4. 爱屋及乌原理

只要是自己喜欢的人推荐的东西，就会觉得十分迷人而想要入手。

5. 权威原理

只要受到某种权威的命令（权力、地位、业绩、制服、长相或穿着），容易不多作思考就服从。

6. 稀有性原理

只要看到数量稀少、有销售时间限制，或是难以买到手等条件，对即便原本不是那么想要的东西也会产生欲望。

这些都是在销售或寻求他人关注时，十分有效的手法。本书也会运用上述原理介绍几种文案撰写技巧。

不过，若是站在相对的立场，就必须留意自己是否会做出这些反射性的行为。因为有许多说服专家，像是业务员、政治家或广告人等，都会企图利用这些手法让事情往他们期待的方向前进。

第四章

运用顺口的句子

技巧 33

重视语句的节奏

语句节奏明快,就容易进入大脑,给人留下深刻印象。

因此,若想要写出令人难以忘怀的文案,就必须重视节奏。

以下介绍众所周知的节奏明快的文案案例。说到专卖牛肉饭的吉野家,其广告文案就是:

范例: 好吃、快速、便宜

说到宝冢歌剧团的宗旨就是:

范例: 清纯、正直、美丽

说到《周刊少年JUMP》的关键词就是:

范例: 友情、努力、胜利

这些语句都相当具有节奏感，所以都很容易被人记住。尤其像上述范例一样，三个有节奏的词语并列，就能够刺进心坎，给人留下记忆。

有时候这些句子会经过部分修改，在杂志标题或企业广告词中出现（比如"清纯""正直""美丽"也是漫画与歌曲的标题）。

无论在日本还是在世界上其他地方，都常使用以三个词并列带出节奏的手法。下列就是许多人耳熟能详的知名案例。

范例：不见、不闻、不言

对日本人而言，这句教诲是出自日光东照宫的三猿雕像。不过，这句话的发祥地并非日本，它原本就是在世界上广为流传的语句。由于念起来顺口又富节奏感，很容易给人留下印象。

接下来，再看下一个案例。

范例：我来、我见、我征服（Veni vidi vici）

这是盖乌斯·尤利乌斯·恺撒（恺撒大帝）在泽拉战役中获得大胜，写给罗马元老院的著名捷报。

因为内容简洁明快，所以才从千年前流传至今（顺带一提，大阪某家电器行就仿照此内容，长年以"我来、我见、我购买"为广告标语）。

　　写出像上面那样完美的文案或许不容易，不过只要单纯将三个字词并列，就可以打造有节奏感的语句。下面就来看看 *ANAN* 的标题！

范例：
- 受欢迎、变能干、变漂亮！早起潮流大分析。
- 思考、哭泣、有收获！苍井优谈阅读的奥妙。
- 亲切、帅气、超健美！想让帅气的健身教练指导！

　　看完上述范例应该会发现，将三个词语并列，就能够成功带出节奏感。

　　这项"三个词并列"的技巧，在工作场合也非常有效。比如要策划一个以"广告文案基础技巧"为题的研讨会，请试着想想看该如何命名。

普通："广告文案基础技巧"讲座
改善：抓住、刺进、留在心上
　　　"广告文案力"教学讲座

　　各位应该会发现，改善后的文案添加了"抓住、刺进、留在心上"如此富有节奏感的词语，能够给人留下比较深刻的印象。请尝试在策划或提案书前的标题上运用有节奏感的语句吧！

技巧 34

写成诗句格律

　　日本自古以来就有短歌或俳句等以 5 个字和 7 个字为单位来带出节奏的韵文。即使时代变迁，五七调或七五调的语句，依旧能轻易进入人的大脑并给人留下记忆。

　　各位是否知道交通安全等倡导标语经常使用这种形式？

　　范例：

　　·请勿冲出来　因为车子没办法　突然停下来
　　·无论多么急　也一定要保持好　车子的距离

　　本章最后的专栏 4 会提到"战争期间的口号"，其最大的特征就是大多以七五调为主。因为标语或口号相当适合这种形式。
　　1968 年校园纷争盛行之际，在东京大学驹场祭的海报中，有一句使用七五调的文案备受瞩目。

范例：

请不要阻止我啊　我的母亲啊

背后的银杏叶子　正在流着泪

东京大学男学生　究竟要去哪

　　想出该文案的是当时就读于东京大学，之后成为作家的桥本治先生。当时，以高仓健主演的任侠电影相当流行，宣传语句大多使用七五调的形式。我想，这都是受其影响的缘故。

　　那么，接下来就来看以七五调形式为主的任侠片的宣传语句。

范例：

・如果母亲还活着　她必定会说

　你切记万万不可　犯下杀人罪

　随后在我脸颊上　留下了泪水

　（《网走番外地望乡篇》）

・地狱来的伴手礼　拜一拜再走

　不知究竟是雨滴　是血还是汗

　所有一切都湿透　唐狮子牡丹

　（《昭和残侠传》）

　　虽然内容本身就具有相当的冲击性，不过我想功劳最大的，应该还是富有节奏感的七五调句式吧！对于日本人来说，七五调跟五七调就是能够快速进入脑中的一种魔法节奏。

　　不过，看过上述案例的各位应该会发现，采取七五调或五七调形式，语句容易变得较为过时老气。说穿了，就是带有"昭和的味道"。

　　昭和时期的广告常会采用七五调或五七调的文案，可最近已鲜少出现。若想刻意营造那种怀旧风情，或许可试着采取这种形式。

　　若能以七五调或五七调的形式，呈现策划或提案书的标题或文案，或许也会蛮有趣的。

技巧 35

写成双关语

也许有些人对"双关语"的第一印象是某些老掉牙的网络笑话，但若能在标题或广告文案中巧妙加入双关语，也能发挥其强大力量。当然，万一不小心走错一步就会沦为廉价的冷笑话，所以，请务必小心使用。

说到双关语的文案人员，最先想到的就是2009年过世的真木准先生。（虽然当事人讨厌自己的文案被说成是"双关语"，坚持称"时尚语"）那么，就来看看真木先生的作品吧!

范例:

・でっかいどお　好大的，北海道（全日空北海道宣传活动）

・おおきいなぁワッ　冲绳好大（全日空冲绳宣传活动）

・ホンダ買うボーイ　本田牛仔，买吧（本田 CR-V）

　　·ボーヤハント　小孩也能拿（索尼 Handycam）

　　看过之后，各位应该知道这些并非单纯的双关语，而是能够让观众眼前浮现出商品的经典文案。乍看之下，或许会认为这些文案谁都想得到，实际上却是难以模仿。首先，请各位从下一项的"押韵"或"对句"开始挑战吧！

技巧 36

押韵

      "押韵"就是句尾的音韵一致。通过押韵，就可让语句产生节奏，让接收方感到舒服与容易记忆。

      "押韵"这个手法不仅在日本，就连古时候的西方国家与中国，都曾将押韵广泛运用在诗或是歌曲的词之中。想象一下饶舌歌曲的歌词，应该不难理解吧！

      许多广告都曾出现令人印象深刻的企业口号，就是押韵的缘故。

      普通：这台计算机，装有英特尔

      范例：英特尔，在里头儿（インテル入ってる）

      普通：去 7-11，就会有好心情

      范例：去 7-11，就笑嘻嘻（セブンイレブン、いい
             气分）

如上述案例，日文发音的句尾共通音韵不止一个，若能安排两个相同的音韵，押韵的效果将更加强大。

日本棒球选手松坂大辅在高中毕业之际，以备受瞩目的新人之姿进入西武狮队，并在 1999 年 5 月 16 日担任先发，直接对战欧力士野牛，也就是当时连续五年成为"打击王"的铃木一郎选手所属的队伍。在这场比赛中，松坂大辅三振了铃木一郎 3 次，主投 8 局交出 13 次三振 1 安打的好成绩。下列的范例就是当天采访时，松坂选手所说的话。

> 普通：我有了自信
> 范例：我的自信转为确信了

这句知名棒球选手所说的名言，至今仍深刻留在许多人的心中。如果当时他说的感想如普通范例一样，会有相同的结果吗？大家不觉得正是因为"自信"与"确信"两个词的押韵，才给人留下了深刻印象吗？

顺带一提，技巧 29 介绍的书籍《无法整理，但是又没时间》（だから片付かない。なのに時間がない），虽然书名较长，却因为日文发音在"无法／没"的押韵，让人记忆深刻。

若要找出相同音韵的字词来设计押韵，其实可以参考我们的字典或词典。由于字典或词典是按照拼音顺序编排的，因此很容易找到押韵的字。各位可以先思考关键字词，再查要押韵的词。

技巧 37

对句与对比

所谓的对句就是将两个字数相同、意思相对的句子
并排呈现。这种修辞技巧原常见于古代诗词，现在则多
使用在书名或杂志标题上，效果相当不错。

下列几句谚语或惯用句即为常见的对句。

范例：
- 人生短暂　艺术长存
- 耳闻是虚　眼见为实
- 沉默是金　雄辩是银
- 比上不足　比下有余

各位应该会发现，上述几句因为念起来顺口，所以容易给人
留下深刻的印象。日本 1997 年之后采用对句方式命名的书籍，就

有 5 本书名列畅销排行榜前几名。

范例：

· 《夸奖他人，贬低他人》

· 《不认真听话的男人，看不懂地图的女人》

· 《富爸爸，穷爸爸》

· 《说谎男，爱哭女》

· 《头脑好、头脑差的说话方式》

从这些案例可知，对句、对比法也有许多不同的变化与模式，因此接下来依照工作与日常生活中的运用方式，分成五大类说明。

模式 1　"××（肯定）某某，××（否定）某某"

《夸奖他人，贬低他人》和《头脑好、头脑差的说话方式》皆属于此类。

由于这是以某种方式将社会上的人一分为二，因此每个人都可以将自己归类进去。如此一来，就容易让读者与自己产生联结。此方式常运用于杂志标题，下列分别是 *AERA*、*President* 和 *edu* 的案例。

范例：

· 会被加薪的人，会被减薪的人

· 被需要的员工，不被需要的员工

· 照顾小孩而变美，照顾小孩而变老

模式 2 "X 的○○，Y 的△△"

《不认真听话的男人，看不懂地图的女人》和《说谎男，爱哭女》等，以及下面列举的常用句型和谚语等，都是属于此模式。这甚至可说是"最有对句味道的对句"。

一般而言，X 与 Y、○○跟△△也分别是对立的概念。除了刚才的案例之外，下列常用句型也是属于这个模式。

范例：
- 前门拒虎，后门进狼
- 胜者为王，败者为寇
- 留意一秒，受伤一生

电影导演黑泽明先生的名言，也是此种形式。

普通：像恶魔一样大胆！像天使那样细心！
范例：像恶魔一样细心！像天使那样大胆！

范例用了与一般对"恶魔"和"天使"的形容不同的字词，不仅加深了文案的力量，也给读者留下了更深的印象。

模式 3 "○○的 X，○○的 Y"

虽然与模式 1 类似，Y 却不是 X 的否定词。例如下列单纯的不同形容词的并列组合。

范例：

- 平静的夏威夷、兴奋的夏威夷深度导览
- 穿上"贤妻洋装""心机洋装"变身美女

上述分别是时尚杂志 *VERY* 和 *STORY* 的文章标题。此外，也可利用"A组对B组"的"对"一词，也就是"VS.（versus 的省略）"来加强其中的对立关系。商务杂志《THE21》的特辑广告文案，就巧妙地利用了此项手法。

范例：

- 一流的阅读技巧 vs. 二流的阅读技巧
- "工作速度快"vs."工作速度慢",两者间有何差异？
- "时间贫穷的人" vs. "时间富裕的人" 的习惯

对句不一定要以名词结尾，如下列标语一般，有些对句会以动词结尾。

模式4　"不要○○ X，让○○ Y"或是"不要○○ X，让△△ X"

这些都是让先出现的名词与后面的动词变得一样，再配对而成。

范例：不要握寿司，要把握喜悦。

范例：事件不是发生在会议室，而是发生在现场。

范例1是人气寿司连锁店的征聘广告文案，这句广告语似乎也可以运用在其他业界。

范例2是电影《跳跃大搜查线 THE MOVIE》的青岛刑警所说的名言，虽然不是命令形式，却可以说是这个模式的变化形式。

模式5 其他

还有一些不包含在上述介绍中的对句。如下列广告文案，大家应该都不陌生。

范例：NO MUSIC NO LIFE

这是淘儿唱片的宣传口号。原是模仿英文的谚语"NO PAIN, NO GAIN（没有付出就没有收获）"而来，现在俨然已超越企业的宣传口号，成为常见的说法了。

范例：爱之雪，恋转白

这是一仓宏先生为了 JR 东日本的滑雪活动所写的宣传口号，其中带有双关语之意。

如果各位想使用这个技巧撰写策划书或提案书，模式4应该最为适合。比如向书店建议创新销售方式，或许可以这样设计标题：

普通：为了提升贵店书架魅力的提案

改善：不要光卖书，要卖就卖故事

看到改善后的标题，应该会对接下来的内容产生兴趣吧！

技巧 38

排列相同语句

这个方法与技巧33提及的"重视语句的节奏"类似。使用多个"一模一样的句子"或是"意思相同的字句"就能戳中对方的要害。

就算只是排列数个语句，也能成为强大的力量。

范例：这不是肯德基！这不是肯德基！

虽然这个例子因为广告中的情境、角色夸张反应的演出而增强了不少效果，但也可见重复排列相同语句强化印象的威力。

如下列干酪卖场的POP。

普通：干酪有很多种类

改善：干酪、干酪、干酪！

各位会不会觉得，虽然只是将相同语句重复三次，却会让人感受到强烈的气势，在脑中浮现许多干酪"排排站"的景象？

　　另外，也可以同时使用这种手法，并"改变句型和重复句尾"。来看看干酪卖场的 POP 例子。

　　　　普通：干酪，请务必试吃一次。
　　　　范例：吃干酪、吃吃看、来吃吧！

　　最后的命令句型，或许会让顾客感到有些不礼貌，不过因为富有魄力，反而会让大家产生"吃一点看看也无妨"的心情。

　　此外，通过不同的表现方式、重复呈现相同意义的词，也能加强要传达的信息。

　　　　普通：这个干酪很美味
　　　　范例：这个干酪，美味、好吃、delicious！

　　从这个案例可以发现，重复语句或相同意义的词时，只要重复三次就会变得较为顺口。

　　如果没有特别想要宣传的重点或故事，记得只要将"相同句子"跟"同样意义的词"并列即可。只不过，因为这是要以气势逼人，所以在工作场合不太适用。

技巧 39

重复字词，加强语气

依照某种模式重复相同的字词，词的意义就会变得更复杂，从而使得其中蕴含的力道也随之增加。

与对句相同，"重复同样字眼"在修辞学上并没有明确的分类。本书依照几种特定模式将其分为四大类，让我们依序看下去吧！

模式1　"××是××"
用"是"来连接相同的词，便能达到强调意思的目的。

范例：
·正义是正义
·女人是女人

也可以用"就是"或"也是"来连接。

范例：

· 正义就是正义

· 正义也是正义

各位会发现，上述几个情况的语感出现了些微的差异。当要连接的是形容词时，可以有这种变化与效果：

范例：

· 好的东西就是好

· 好吃的食物就是好吃

当动词用"……的时候"连接时，也能加强其意思。

范例：

· 该做的时候就做

· 该吃的时候就吃

上述这些重点和技巧，加上"果然"一词之后，能更加强化其意思。

范例：

· 正义果然还是正义

· 女人果然是女人
· 好东西果然就是好
· 好吃的东西果然就是好吃

下列案例是广告人员系井重里先生为西武百货所写的广告文案，他使用的就是将相同字眼重复的手法。

范例：我有想要的东西，好想要！

模式2 "不过是××，就只是××"

以"不过是""就只是"连接相同词，便能加深该词的意义，使其深奥许多。

范例：

· 只不过是棒球，就只是棒球

· 不过是将棋，就只是将棋

· 不过是 Hiphop，就只是 Hiphop

· 只不过是俳句，就只是俳句

· 不过是广告文案，就只是广告文案

不可思议的是，这种话从该领域的专业人士口中说出，更能突显其重量与价值。

模式 3　"因为 × × 所以 × ×"

这个模式采取的是重复因果的手法。

范例：

· 因为喜欢所以喜欢

· 因为输了所以输了

· 因为可恨所以可恨

有时面对他人询问原因理由之际，就算只是单纯响应一句话，只要用这种方式，便能加强信息传递的力道与深度。

类型 4　"没有 × × 就是 × ×"

对于这个模式究竟算不算重复相同词，其实还有些模糊的地方。不过，从这个角度切入也是一种方法。

范例：

· 没有优点就是优点

· 没有意义才有意义

上述两句再加上"反而"一词，就更能加强再次强调的意思。

范例：

· 没有优点反而就是优点

· 没有意义反而才有意义

这种类型会被归类为"逆接"。

在工作场合,当别人要求给予评论时,"重复字词"是相当好用的技巧。此外,在开会时,这也可以用来反驳对方的意见。

假设有人对各位的策划提出质疑:"这应该没有意义吧?"与其像普通的说法一般提出过于情绪化的反驳让事情陷入泥沼,最好能沉着冷静地提出反驳。当然,若能用明确的逻辑反驳,就再好不过了。

技巧 40

相反词配对

将意义相反的词组合在一起，除了能带出各自的意思之外，也可以让读者感受到更深刻的意义。这可以说是技巧 37 提及的"对句与对比"的缩短形式。

只要将两个相反词用"与"组合在一起，就可以打造出含义深奥的字句。这项手法较常运用在文学作品的题目上。

范例：

· 《红与黑》

· 《罪与罚》

· 《战争与和平》

· 《美女与野兽》

· 《点与线》

日本著名的泡面也是采用这种手法命名。虽然只是将相反词配对，但却非常好记，是个不错的命名方式。这种方法也常用于推出系列商品，下列将举出这类案例。

范例：
- 红狐狸面（乌龙面） 绿狸猫面（荞麦面）
- 红色 CAPE 绿色 CAPE（头发喷剂）
- 金色澡池银色澡池（入浴剂）
- 黑色咖喱红色咖喱（即食咖喱）

此外，也可以将相反的词用"是""就是"连接为短句，然后以对句形式呈现。以下是莎士比亚《麦克白》中的一段话。

范例：美就是丑，丑就是美

在第二句当中加上"正是"一词，更能强化语气。

范例：真实是谎言，谎言正是真实

各位应该已经发现，只要将相反词配对，并以对句的形式呈现，就能让读者感受到句子中的深远含义。

这项技巧与技巧 39 的"重复字词"相似，都可以用在工作上面对他人要求评论之时，或在会议上，用于反驳对方的意见。

技巧 41

刻意说反话

所谓的"反话"，就是一种"刻意提出与想要传达的信息相反"的提问方式。通过反话能提升文案的力度。

市面上许多书籍都因使用反话而成功加强了表达的力量。

普通：信长并不是天才

范例：《信长真的是天才吗？》

普通：投资银行尚未结束

范例：《投资银行真的已经不行了吗？》

普通：暗中商量并非就是坏事

范例：《暗中商量真的是坏事吗？》

从上述案例可以看出，想要表达有别于一般常识或是相反意见时，说反话就会有不错的效果。

在策划书或提案书中亦然，如要提出有别于一般常识的内容时，就可以使用说反话的方式呈现标题。

技巧 42

反复 × 命令

将命令句重复几次，就能让句子变得强而有力。

第一个案例是出自漫画的名言。

普通：站起来吧，小拳王

范例：站起来啊！站起来啊！小拳王！

此句出自《小拳王》，是训练师丹下段平对比赛中倒下的主角矢吹丈大声喊话的台词。如果是采取普通的说法，仅仅一次的呼喊是无法给人留下如此深刻的印象的。所以，如果想要提升广告文案的气势，这是一个相当有效的技巧。

让我们以公司内部的海报标语为例，一起思考看看。

普通：业绩增加 10%

范例：卖出去！非卖掉不可！达成！非达成不可！

业绩增加 10%！

虽然内容相同，可是改善后的说法就较有气势，也会令人产生无论如何都要达成目标的意志。

技巧 43

从"矛盾"着手

乍看之下有违常理，仔细想想却发现"确实如此"，能让人有这种感觉的道理，就被称为"悖论"，也就是"看似矛盾却有些道理"的意思。如果想要写出引人入胜的文案，设计乍看下"矛盾"的悖论是相当有效的手法。

使用矛盾手法的谚语相当多。例如 "欲速则不达""吃亏就是占便宜""输就是赢"等，这些都会让人不禁认同"乍看之下有违常理，实际上好像真的如此"。

建议大家在思考策划的标题时，不妨运用这个"矛盾"的手法，或许就能找到过去从未想过的切入点。接下来以教养杂志的文章标题为例。

普通：向小孩学习育儿术

改善：小孩教我的育儿术

普通：快乐学习的方法

改善：游戏学习法

在上面的例子中，若两者都维持普通的说法，就会沦为平凡无奇的策划案标题。相对的，选择改善后的说法就能推出一个切入点似曾相识，却让人耳目一新的专刊。

那么，我们就来以"刻意矛盾"的方式，为向顾客提案的标题命名吧！假设各位是企业销售人员，现在要对长年合作的顾客提出"改善营业形态"的提案。

普通：改善营业形态

改善：不做生意，却能创造生意

各位会不会觉得改善后的说法更能引起顾客进一步窥探提案内容的欲望？这就是通过创造矛盾的手法，成功引起了接收方的兴趣。接着再来想想冲突意味更强烈的标题吧！

普通：改善营业形态的方法

改善：由客户营销的营销法

这样绝对会引起各位想看详细内容的兴趣吧？但无论如何，如果内容无法与标题丰富度成正比，必然会引起反效果。

思考能够引起对方兴趣的标题，并从中反过来设想内容，就能以新的切入口想出崭新的策划。

技巧 44

夸大 × 娱乐性

　　一味夸大会有过度表现而惹人厌的可能，反而会让接收方竖起心防，无法给人留下良好的印象。不过，当"夸大"带有娱乐效果时，就能成为令人印象深刻的文案。

　　下列范例是 2008 年热销近 200 万册的超级畅销书《梦象成真》（水野敬也著）的腰封文案。

　　普通：你这样下去的话，100% 无法成功啊！
　　范例：你啊，这样下去 2000% 成功不了啊！

　　普通的例子是常见的否定表现，而范例则通过 2000% 的夸张表现，让文案本身产生娱乐性，同时也突显了书中人物的独特性格。下一个案例也是通过夸大的表现给人留下深刻的印象。

　　普通：美女议员

范例：美过头议员

"××过头"的夸张表达方式自 2007 年就开始流行，之所以风靡全日本完全是因为当时青森县八户市的议员——藤川优里小姐的美貌在"CH2（日本热门论坛）"受到讨论，有人提出"美过头的议员"一词而成为广告文案。

如果当初使用的是不足为奇的普通文案的说法，可能就不会如此出名了。正因为"美过头"的形容过度夸大，才带出娱乐性质。

到了 2010 年，"××过头"的形容方式依旧随处可见。前些日子，我也在某家面包店看到写着"好吃过头的奶油面包"的标语。看到这种叙述，就会忍不住想购买，想要试试看，究竟有多好吃？

不过，有一件事请务必特别注意。如果商品确实"好吃过头"就没什么关系，但如果没有好吃到一定程度，就会让买方感到强烈的失望，甚至产生"我再也不买了"的想法。短期来看，或许会因此增加客源，可是从长期来看，却可能造成负面影响。

若要在工作上运用这般夸大的表达方式，就必须让接收方了解那仅仅是夸张的表现手法，并不是认真的。如果没有明确表达这点，这只是为了娱乐效果才夸大呈现，就会被认为是在说大话。因此，若随便滥用这项技巧，将会产生风险。

技巧 45

用方言改变语感

　　文案使用方言，就会让人产生亲近感。

　　请试着回想一下技巧 44 中提到的《梦象成真》的腰封文案。该文案之所以令人印象深刻，除了夸大的表达方式之外，还有以关西腔表达的缘故。因此，即使是相同的文案，只要加上地区方言，就会大大改变带给他人的感觉。

　　首先，请看看 2009 年在日本的众议院选举中，提名茨城选区的民主党新人议员的广告文案。如下列范例所示，这位候选人在文案中加入茨城方言，因此成功打败当时的现任"大咖议员"而当选。

　　普通：现在正是（该让茨城）改变的时候。

　　范例：现在，（茨城）该改变了（いっぺん、変え
　　　　　っぺよ）

　　轰动一时的电影《摇摆少女》，描述的是东北地区的女高中

生迷上爵士乐大乐团的故事。该电影的宣传文案也使用了方言，从而让人留下了深刻的印象。

　　　普通：来玩爵士吧！（ジャズ、やろう！）
　　　范例：就来搞爵士吧！（ジャズ、やるべ！）

　　受 2010 年 NHK 大河剧《龙马传》的影响，时常会看到类似土佐方言的 POP。下面的例子就是在录像带出租店看到的例子。

　　　普通：这是必看的（これは必見です）
　　　范例：这是必看滴哟！（これは必見ぜよ！）

　　普通的写法是常见的 POP 案例，可是范例中的文案却因为使用方言，可以给人留下深刻的印象。

　　这方面，假设自己是一家公司的经营者，主要负责销售日本全国各地生产的商品，比如贩卖日本全国的清酒或烧酒的酒精饮料店。

　　不妨试着将地区方言加入广告文案，如此一来，相对于普通的文案，你的文案就会显得较为亲切生动，给顾客的感受也会随之不同。使用方言与官方语言的最大差别，就在于能够传达更为细腻的语感。

专栏 4
有力的文案足以改变历史

　　不知道各位是否听过下列口号？例如："节制欲望，直至战胜""前进，一亿颗火球""增产报国"以及"鬼畜美英"等。这些都是日本政府在第二次世界大战期间，为了提升国民战斗意志而宣布的口号。

　　大正民主时代（公元 1912 年—1926 年），整个日本充满民主主义和自由主义的气息，到了 1935 年军队的力量急速增强，政府也开始对情资媒体进行控管。在这种时代背景之下，"战时标语"应运而生。

　　起初，由于中日战争陷入长期抗战，使得物资严重不足，因此许多标语的出发点都是希望能够改善国民的生活。这段时期，在人来人往的东京街道，设有一千五百块写着"奢侈是敌人"口号的广告牌。在这之后，不仅是中央政府，就连地方政府、媒体、企业等机构或组织，也开始为了控制国民的生活、思想活动，以及提升战斗意志，而公开招募标语并积极发布。

　　多数标语的特征都是以七言或五言的格律呈现，且十分朗朗上口。也因如此，几乎所有日本国民都被这些单纯的标语所洗脑，认为"这是正确的战争"，努力忍受艰辛的生活，深信日本会赢得胜利。

语言（文案）有时拥有足以改写历史的力量。本书是站在作者（传递方）的立场，若各位是读者（接收方），千万要小心不要被洗脑。

第
五
章

锻炼比喻力

技巧 46

明喻

比喻有许多种分类方式，各位只需要记得"明喻"和"暗喻"两种即可。

以最简单的方式说明"明喻"，那就是让人清楚地知道，这是比喻这种修辞方式。具体来说，就是会出现"像是……""如同……"，或是"仿佛……一般"等字词。（不过，从广告文案的角度来说，并不需要缜密探讨明喻与暗喻的区别。）

首先，通过明喻的例子，来看看效果如何。圣塔克拉拉大学的麦格理与菲利浦就通过洗涤液文案来测试比较使用比喻的文案和未使用比喻的文案，哪一种能够得到较好的效果。

普通：这瓶洗涤液，能够将顽固的污渍洗得干干净净！
范例：这瓶洗涤液，就像推土机一般，能够将顽固的污渍洗得干干净净！

经过测试发现，像范例这样使用比喻手法的洗涤液，较多人表示"有意愿试一下"。也就是说，运用比喻手法的文案，成功给人留下了深刻的印象。

接下来是传奇拳手穆罕默德·阿里的宣传文案。

> 普通：踩着轻盈的脚步，快速出拳
> 范例：犹如蝴蝶般飞舞、蜜蜂般蜇人

因为使用比喻的手法，成功表现出了阿里独特的卡位技巧（这同时也运用了技巧 37 提到的对句手法）。

若是普通的说法，就适用于所有拳击手，但"如蝴蝶般飞舞，如蜜蜂般蜇人"则是阿里独有的文案。

由此可见，使用比喻就能让人通过感觉理解文字，记忆更加深刻。

各位是否曾经听完演讲，想不起演讲内容却清楚地记得演讲者举的例子或打的比方呢?

通常口才好的人，往往也很会使用比喻或是比方。遇到需要发言的场合，若能善用比喻或比方来回答，就能提高说服力。

棒球界的野村克也先生，及足球界的伊维卡·奥西姆先生都相当善用比喻。这两位球星的发言时常被媒体大肆报道，就是因为他们经常使用巧妙的比喻。他们的语录得以结集出版，"比喻能力"

绝对是主要原因之一。

那么，就来实际看看他们是如何运用比喻的吧！

> 范例：若王贞治与长岛茂雄是在太阳底下盛开的太
> 阳花，那么我就是在傍晚默默绽放的月见草。

这句话出自野村先生在役时期，击出史上第二位第 600 支全垒打之际。即使已过了 30 余年，"月见草"比喻的影响力还是很大，至今仍是野村先生的代名词。（顺带一提，据说野村先生认为，当时只有中央联盟的选手才有机会被报道，如果不说出任何令人印象深刻的发言，就没办法登上新闻版面。因此，他为了这个比喻，构思时间长达一个多月。）

下一个则是伊维卡·奥西姆在比赛后的发言。

> 范例：说到总教练，就是必须经常找寻不足之处。
> 而我就像是扫把一般，必须随时清理灰尘。

将总教练比喻为扫把，让人能够明确想到其职责，从而给人留下深刻的印象。

若各位在会议等场合受邀发言，不妨使用比喻法或是打比方来回答。

例如，总经理在会议中不断回忆过去的辉煌事迹，就可以用足球比喻："那不就像是传说中的马拉多纳，一人带球绕过五个人吗？"如此一来，还可总结话题，达到将故事告一段落的效果。

再者，假设各位担任会议主席，必须统整大家的意见，但意见却寥寥无几时，不妨试着用料理比喻："我们已经有了很好的食材和料理方式，就差各位像香料般能够提味的意见了。"

不过，如果比喻过于冷门、专业，会让他人无法理解。所以，请尽量采用众所周知的事物来比喻吧！

技巧 47

暗喻

"暗喻"是比喻修辞中的代表性用法。一般而言，就是不让人清楚地知道这是一种比喻方式。暗喻可用于广告文案、标题等所有地方。跟明喻相比，暗喻传达讯息的速度更快，更容易引起读者的注意，也更能刺进对方的心坎。虽说如此，也可能发生他人无法理解比喻的意义，或是没发现该句是比喻的情况。

小说家村上春树在 2009 年荣获耶路撒冷文学奖时，曾以"墙壁"与"蛋"为暗喻发表感言，引起很大的话题热度。

"如果这里有高大坚固的墙，有撞墙即破的蛋，我常会站在蛋这一边。"他更在发表感言后，说明墙壁是暗喻炸弹、战车、火箭和白磷弹，而蛋则是暗喻被击溃、烧焦、射杀的非武装市民。

如果村上春树未使用暗喻修辞，应该不会受到这般瞩目。正因为使用暗喻成功突显形象，才给予了听众深刻的印象（但也无可避免地，造成一些听众对墙壁有不同解释的反效果）。

日本知名文案人真木准先生，正是一位暗喻达人。下列案例都是他为全日本空输航空公司宣传冲绳所作的广告词。

范例：
- ·成为吐司美女
- ·白手起家，成为密克罗尼西亚黑人
- ·完全变身为高气压女孩
- ·男士礼服　身形风潮
- ·把白色印记带回家

上述文案想表达的事情只有一个，那就是：前往冲绳，晒黑。在 7 年之间，真木准先生不断创新暗喻表达方式，持续让社会大众感到惊艳。光是看到文字，就能让观众在脑海中浮现出在沙滩上晒黑、享受度假的情景。

不过，如此优秀的暗喻，并不是随便就能想到的。那么，平时该如何练习，才能锻炼出相当不错的比喻能力呢？首先，请务必精通最基本的模式。

请试着以"人生"一词展开思考，想想看人生可以比喻为何种事物。

范例：
- ·人生（像）是一次登山
- ·人生（像）是一场旅行

- 人生（像）是一场足球赛
- 人生（像）是一本小说

此时必须留意，要先想出"○○是△△"中的"△△"（修辞学中称为"喻体"）是什么。接下来，再找出本体的"○○"和喻体"△△"的共通点。

若将人生比喻为登山，会有什么共通点？请参考下列例子。

- 有上坡有下坡、起起伏伏
- 没有地图就会很担心
- 以为爬到了山顶，却并不是
- 行李越轻越好，可什么都没有也很担心
- 前往山顶的路线，不止一条
- 疏忽大意，有可能会遭遇山难
- 越靠近山顶，景色越辽阔壮丽

这些就是将人生比喻为登山的暗喻技巧，其他的也可依此步骤找寻共通点。持续如此自我训练，一旦需要用时，就会发现自己已经擅长使用暗喻了。

在策划或提案书上使用暗喻修辞，若能再稍微夸饰地以宣言形式表达，语句就会变得相当强而有力。

在此不妨参考美食主播彦摩吕先生常使用的暗喻。下列举出几个例子。

普通：真是非常美丽的海鲜丼！
范例：这个海鲜丼是海洋的宝箱呢！

普通：汤头里有很多种类的食材，看起来真好吃
范例：这个关东煮真是健康食材的乐园！

普通：豚骨汤和鱼汤混合得恰到好处
范例：这汤头根本就是先上车后补票啊！

各位应该可以看出，普通的说法无法令人印象深刻，而范例有的虽然稍显牵强，但却因为运用了暗喻技巧，能确实突破接收方的心理防线。

假设，各位需要以"商品开发"为题演讲，请思考一下该如何拟定标题。

普通：关于商品开发的规划
改善：商品开发是冲浪！
　　　请抓住时代潮流，开发火红商品

各位是否也觉得改善后的文案较能引起人们的兴趣？这里的喻体"冲浪"可与各位觉得较符合的语词替换，例如改为"攀岩""升学考试"或是"家庭料理"等。若能像这样使用暗喻，要创造出令人难以忘怀的文案就更容易了。

技巧 48

拟人化

　　拟人化是一种将物品或动植物比喻为人的修辞方式，大致可分为两种，一种是以第三人称来描述物品或动植物会做出人类的动作，第二种则是以第一人称来表达物品或动植物的心情。

　　一般常见的拟人，大多运用第三人称的方式。以下是吸引顾客光顾书店的广告文案。

　　　　普通：邀请各位在 ×× 书店找好书
　　　　改善：×× 书店期望与各位有一场美丽的邂逅
　　　　　　　大量书籍正在静静等待

　　普通的写法过于一般，无法给人留下印象。但使用拟人化修辞改善后的文案是使用第三人称的拟人化文案，应该能给人留下不浅的印象。

可是，若要做到感动人心的话，还差一小步。由于"静静等待"一词已常用在物品之上，所以不会让人感到特别突出。若能选一个较少被联想在一起的动词，就能让句子令人印象深刻。

> 普通：邀请各位在 ×× 书店找到好书
> 范例：书在微笑、书在哭泣、书唱起了歌来
> 　　　×× 书店今天也很热闹
> 　　　想不想和它们一同玩耍呢？

先不谈文案的优劣程度，至少"范例"会引起读者的兴趣，让人"想知道究竟是什么"。

说得严苛一点，"普通"的文案写跟没写简直没两样。如果真心想要写出令人印象深刻的文案，就必须做好"稍微失误也无妨"的心理准备，想出有特色的句子。

另一种拟人法则是以第一人称为主，常用在"让商品自己说话"的广告手法中。2006 年，日本综合入口网站暨搜索引擎"goo"，在车站等多处广告牌进行大肆宣传，就是使用第一人称的拟人化修辞法。

> 普通：大家知道搜索引擎 goo 吗？
> 范例：大家好！我们是 Yahoo 的竞争对手 goo！

即便说明的内容相同，但让商品或服务自己说话，就能呈现

具有幽默感的表达方式。此外，通过拟人化的方式，更能达到让阅读者情感代入的效果。

拟人化的技巧特别适用于店面POP等有实际商品陈列的情况，这种时候的拟人化尤其能发挥效果。

此外，在为产品命名之际，拟人化也能发挥威力。将商品或服务拟人化，仿佛就能赋予该物品生命一样，让产品成为活生生的角色。像是在商品名称后面加上"先生""小姐"等称呼，就会给人相当不同的感受。

技巧 **49**

拟物法

所谓的拟物法，就是将人类（的动作或模样）比喻为物品或动物的手法。

有些人想要克服在众人面前讲话会紧张的障碍，可能常听到别人给予"把观众当成木头"的建议，这种"把观众当作木头"的方法就是"拟物法"。

假设各位在学校工作，希望学生父亲能对教学相关活动给予协助，可以像下列案例一样思考看看，该如何写宣传文案才有助于达到目的。

> 普通：放假的爸爸，请务必给予协助！
> 改善：放假的爸爸！请从"大型垃圾"晋升为"珍贵资源"吧！

普通的说法，实在过于一般，容易遭到忽略。改善后的说法使用了拟物修辞，学生的父亲看到之后，应该会吓一跳，认为"别人竟然是这样看待自己"，而更加仔细阅读。

下一个案例是从2009年开始播放的染发剂广告，由于最后的旁白采用了拟物法而备受讨论。

范例：**妻子是我的太阳**

看到这个句子，有些人会认为是很棒的比喻，也有人会觉得好肉麻，这将视接收方的感情而定。不过，像是染发剂这种若按照普通方式宣传难以令人记住的商品，上述案例算是相当有冲击性的比喻。

说到擅长拟物法的名人，莫过于主播古馆伊知郎先生。虽然现在他以活跃于新闻频道为人所知，但他在报道运动转播或主持歌唱节目时所使用的拟物修辞，大多令人印象深刻。

例如，他形容F1赛车手迈克尔·舒马赫是"脸部三浦半岛""脸部科隆大教堂"以及"F1暴龙"等，抑或是用"水中四轮驱动车""不会沉没的泰坦尼克号"等称呼来形容澳大利亚游泳选手伊恩·索普；此外，更是帮威力高强、为日本出赛的拳击运动员鲍伯·萨普撰写了广告词："这样的身体理当禁止进口，因为会违反《华盛顿海军条约》！"

上述文案可能有些失礼或不符逻辑，不过可以确定的是，绝对能让接收方难以忘怀。

这个技巧在日常工作上或许难以运用，但若想不到更好的语句，不妨使用拟人或拟物法，可能会有机会写出耐人寻味的文案。

技巧 50

换句话说

用不同语句替换惯用的表达方式，能更加刺进心坎。

世界各地的剧作家都在找寻能够代替 "I Love You" 的语句。这种倾向在日本的连续剧当中更是显著。如果剧中人物轻易地用日语直接说出 "我爱你" 或是 "我喜欢你"，该连续剧就会变得极其廉价。

二叶亭四迷先生不仅是日本近代小说家先驱，也是俄国文学翻译家，更因将 "I Love You" 翻译成跨时代语句而家喻户晓。在俄国文豪屠格涅夫的小说《阿霞》（原名：Ася）中，有一个场景是主角阿霞带着必死的决心，向爱慕之人嘀咕了一句 "Я юблю Вас"（俄语的 "I Love You"），四迷先生将之翻译为日文的 "我死了也无妨"。"我爱你" 与 "我死了也无妨"，究竟哪一句更能触动人心，应该一目了然吧！据说，夏目漱石在担任英语教师时，也曾在课堂上对将 "I Love You" 译成 "我爱你" 的学生说：

"日文中没有这句话，要翻也得翻成'月色真是美丽'。这样日本人就能理解一切。"

如果是你，会用哪句话来替代"I Love You"呢？

技巧 51

用五感来表现

　　这项技巧与技巧 50 有些类似。即使要表达同一种情感，知道越多词，表达方式就会越丰富。尤其像是表达"好吃"这种出现频率相当高的情感，善用五感来形容，才能将情感完整地传递出来。

许多人都曾听过，品酒师会用"像是森林深处的树下杂草一般"或是"像是浑身湿透的小狗一般"等形容来描述酒香。不光是尝起来的味道，我们更要学会动员五感，将香气、口感、外观，甚至是声音都表现出来。

在此提供一些形容红酒时常用的词。

范例：

· 味道清爽 / 浓郁 / 纤细 / 刺激 / 柔顺 / 肥美 / 活泼 / 丝绸般 / 强劲 / 销魂 / 颓废 / 带果香 / 辛辣

· 香味清新 / 舒适 / 芳醇 / 挑逗 / 植物型香气 / 榛果般 /

柑橘类

· 口感带有嚼劲 / 平顺 / 水润 / 圆润 / 丝滑

· 声音似乎能够听到海浪的声音 / 似乎能听见草原上
摇曳的风声 / 似乎能听见小溪潺潺的水声

上述词汇不仅能形容红酒，同时也适用于清酒、烧酒、威士
忌以及鸡尾酒等酒精饮料。此外，也适用于咖啡、红茶或是中国
茶等饮品，更可当作餐厅思考菜单或撰写 POP 时用以表达美味的
灵感。

如果有丰富的词可以替换表达，就能将一般人认为是缺点的
地方，形容成是特色甚至是优点。以下举出几个例子可供参考。

范例：

· 难吃

味道奇妙 / 喜欢的人无法抗拒 / 感官强烈 / 会上瘾的
味道 / 成熟的味道

· 差一点

草率 / 年轻 / 具有潜能 / 未来发展令人期待 / 有个性

· 老旧

富有传统 / 有味道 / 怀旧 / 复古 / 有故事 / 想与人分享

· 崭新

清新 / 流行 / 新鲜 / 符合时代潮流 / 前所未有

· 高贵

一辈子的 / 无价的 / 懂的人会明白

·便宜

价格合理 / 精挑细选 / 有价值 / 划算 / 对钱包友善

　　如果能像上面一样整理出词表，经常用不同的描述方式，就能提升"广告文案力"。

专栏 5
以 "变化球" 传达信息

运用类似比喻的手法，描述一个具有象征性或带有寓意的故事，就称为 "寄托"。

相信大家应该对用小木桩困住大象的故事不陌生。

在马戏团的帐篷里，有一头大象只用了一条绑在小木桩上的绳子拴着。只要大象愿意，那种小木桩轻轻松松就可以被拔起，大象可以轻松逃脱，但大象却没有任何想要挣脱木桩的举动。这是因为，这头大象从一出生还很小的时候就被绑在木桩上，尝试过好多次都无法移动桩柱分毫。由于不论尝试几次都徒劳无功，所以大象终究放弃了。从那天起，大象就再也不曾试图挣脱过，以至于长大了还能被可以轻松拔起的小木桩乖乖拴着。

这类故事运用的手法就是 "寄托"，虽然说的是大象的故事，可有许多人会将此套用在自己或是他人身上。然后，从此延伸出 "人类总是会陷入自我限制里，认为自己做不到" 的教训。

除此之外，还有许多耳熟能详的运用寄托手法的经典故事，例如 "温水煮青蛙" "被放入箱子的跳蚤" 等故事。《伊索寓言》也是这类的代表。

第六章

储蓄名言

技巧 52

善用名言

自古流传下来的名言，拥有能够撼动人心的强烈力量。善用名言的重点就是，必须直接引用整句名言和名人的名字。

政治家的演讲，时常会引用先人的名言。令我记忆犹新的是日本前首相鸠山由纪夫发表的施政方针演讲，他引用的是圣雄甘地的名言。虽然当时意见呈正反两极，不过政治家之所以会引用伟人的名言，都有他们的道理。

善用名言，接收方就会陷入错觉，误以为对方说了什么了不起的话。就算并非是自己特别的想法，只是单纯地引用，也会造成同样的结果。这都是因为名言本身就具有撼动人心的力量且人类无法抗拒权威。（第七章将会详细说明相关技巧）

名言就是具有如此强大的力量。请各位务必要建立一定数量的名言库，将名言消化为自己的语言，让自己随时随地都可运用自如。以下举出几句实用的名言。

文学家的名言

范例：

- "对人类而言，其人生就是他的作品。"司马辽太郎（作家）

- "一张脸是神赐予的，另外一张脸则是自己创造的。"莎士比亚（剧作家、诗人）

- "最幸福的是，不需要特别领悟自己是幸福的。"威廉·萨洛扬（美国小说家）

- "真正的聪明人，不是具有广博知识的人，而是掌握了有用知识的人。"埃斯库罗斯（希腊剧作家）

政治家的名言

范例：

- "不得不成功。任何事之所以不成功，只在不为也。"上杉鹰山（米泽藩藩主）

- "言语会在我们没有察觉、最深层之处发挥作用。"约翰·麦克唐纳（加拿大首位总理）

- "你最容易骗到手的是，是自己。"爱德华·布尔沃·利顿（英国作家）

- "用三个小时认真思考某件事，若认为自己的决定没有错，如此就算再多花三年思考，结论也不会有所改变。"富兰克林·罗斯福（前美国总统）

- "人类在这些时候绝对会说谎：打猎后、战争时，

以及选举前夕。"奥托·冯·俾斯麦（德国政治家）

中国古典名言

范例：

- "知人者智，自知者明。"《道德经》

- "君子之交淡如水。"《庄子》

- "不义而富且贵，于我如浮云。"《论语》

- "是不为也，非不能也。"《孟子》

- "信信，信也。疑疑，亦信也。"《荀子》

- "是故百战百胜，非善之善者也。"《孙子兵法》

除此之外，名言数不胜数。如果各位能够尽量背诵，适时运用在会议或演讲之际，各位的身价应该就能水涨船高。

再者，在策划或提案书的封面，引用合适内容的名言，也是有效的做法。即使接收方对你不信任，也会相信权威者的名言。

技巧 53

改写谚语、格言及惯用语

　　除了直接引用谚语、格言或惯用语能够获得不错的效果之外，将其加以改造利用也是一种方法。在江户时期，日本曾经流行过一种名为"地口"的言语游戏，简单来说就是仿效谚语、格言、惯用语及名言的戏仿作品。因此，如果以大家耳熟能详的原句为范本，便能写出令人记忆深刻的文案。

　　广告文案经常使用这种改编手法，让我们直接来看案例。

　　原文：不知梅花盛开没，那樱花的踪迹呢？
　　范例：不知梅花盛开没，那 Y.M.O 的踪迹呢？

　　这是 20 世纪 80 年代，Y.M.O（黄种魔术交响乐团）在全盛时期的宣传文案。原文的"不知梅花盛开没，那樱花的踪迹呢"一句，出自江户时代的都都逸（口语定型诗的一种）。或许有些人不知道这句文案的实际由来，不过可能多少有些印象。

　　就像是迫不及待想要欣赏樱花一般，此项手法确实将等不及想听到 Y.M.O 新曲的内心感受呈现了出来。

下一个案例是通过戏仿作品，留下强烈印象的文案。

原文：说傻话也要留点分寸（バカも休み休み言え）

范例：说傻话 yeah 要留点分寸（バカも休み休み yeah!）

这是 1997 年的叫座英国电影《王牌大贱谍》（*Austin Powers*）在日本上映时的电影文案。为了呈现愚蠢的喜剧电影所营造的气氛，而将惯用语"说傻话也要留点分寸"改造成俏皮话。

这种手法也经常运用在书名或是连续剧的标题上。

原文：花样丸子（日式三色丸子）

范例：《花样男子》

原文：人世间没有鬼

范例：《人世间都是鬼》（中译：《冷暖人间》）

原文：生命苦短，恋爱吧少女！

范例：《春宵苦短，前进吧少女！》

在接收方知道文案出处的情况下，与其使用相同意义的语句，倒不如利用调侃手法的戏仿语句在某些时候更能令人印象深刻。由于日本人自小接触谚语、格言、惯用语等语句，因此即使改变部分语词，依旧能够清楚察觉个中意义。改变用法，就能让文案充满力量。

　　除此之外，用想要宣传的商品或服务名称取代谚语的一小部分，也能创造出有趣的文案。

　　接下来，试着用谚语、格言、惯用语套入广告文案力看看吧！

　　　范例：

　　　· 未雨绸缪的广告文案力

　　　· 说到烂的广告文案力

　　　· 对牛谈广告文案力

　　　· 井底之广告文案力，不知汪洋大海

　　　· 现在嘲笑广告文案力，将来会为广告文案力而哭

　　　· 智者千虑必有广告文案力之失

　　看到这些只是替换字词的例子，各位认为有几个能够让人实际在脑中浮现画面，并运用在现实生活中？不妨将产品卖点套入关键词，每天更换博客的标题，会有不同的新奇效果。各位在思考标题时，请务必尝试一下这种将商品或服务名称套入惯用语的手法。

技巧54

引用动漫名言

　　漫画与动画是名言聚集的宝库。引用名言固然有其好处，不过最好还是当作参考，自己想出新的名言吧！

以下列举几句漫画与动画的名言。

　　范例：

- "你的东西是我的，我的东西还是我的。"《哆啦A梦》胖虎

- "真不想承认自己过去年轻气盛所犯下的过错……"《机动战士高达》夏亚

- "不要忘了喔，即使月亮看起来有所残缺，事实上还是维持原状高挂在那里。"《NANA》小八

- "说到人生是为了什么而活？那就是为了在这种时候，能够紧握重要的人的手吧？"《蜂蜜幸运草》竹本

- "自由开心地弹奏钢琴，究竟有什么错？！"《交响情人梦》野田惠
- "那么，快乐的音乐时间要开始了。"《交响情人梦》休得列杰曼
- "我死去的时候，希望能够觉得自己曾经好好工作过。"《工作狂人》松方弘子
- "只要有一次回避的经验，就会上瘾。"《棒球英豪》上杉达也
- "为了寻找答案，就是要流汗。"《闪电十一人》瞳子教练
- "我要告诉你一件事，篮球可不是数学啊！"《灌篮高手》流川枫
- "现在放弃的话，比赛就结束了。"《灌篮高手》安西教练
- "我想和公司……谈恋爱。"《上班族金太郎》矢岛金太郎

　　这些仅是名言的一小部分而已。名言可以直接引用（当然别忘了要标明出处），不过若能以名言为灵感，导出其他的语句就更好了。

　　以最后一句的"我想和公司……谈恋爱"为例，将"公司"和"恋爱"两个平时鲜少搭配在一起的语词配对，真是十分有意思。我们可以借用这个想法，自己想出新的配对。

应用：

· 与工作谈恋爱吧！（女性杂志特辑的文案）

· 想不想与蔬菜谈场恋爱呢？（农园的招聘启事）

· 我和这本书陷入了恋情（书店门口的 POP）

　　请各位善加利用自己喜欢的名言佳句，想出能够刺进对方心坎的文案吧！

技巧 55

倾听"一般人"的名言

不只是伟人说的话才能成为名言，也不是只有出现在漫画或动画等虚构作品中的语句才能成为佳句。一般的人脱口而出的某些话语，也有可能成为名言。

为了锻炼"撰写文案的能力"，倾听一般人的话语也是相当重要的事。这是因为从一般人口中说出的话，通常最容易显现时代的气氛。请各位建立习惯，一旦听到觉得不错的语句，就当场记下来，之后再仔细思考有没有可能派上用场。

前阵子，在快餐店无意当中听到两个貌似大学生的男生正在谈论关于和年长女性恋爱的事情。谈话当中，出现了下列语句：

> 原文："即使是欧巴桑年纪，只要还抱有希望，我就能接受。"

其实这句话本身并不是什么名言，我只是觉得"还抱有希望"

这句话很有意思，或许可以用在针对三四十岁，甚至五十多岁女性开发的商品或服务上。

应用：

· 不要放弃自己（健身房的文案）

· 各位是否已放弃琢磨女性魅力了？（女性杂志特辑的文案）

· 一旦放弃，女人就结束了。（女性化妆品的文案）

除了街头巷尾路人的谈话之外，名人在电视或杂志上所说的话语也能加以运用。例如，不久前女演员大竹忍女士在电视上播出的纪录片里说了下列一番话：

原文："我觉得体力旺盛也是一种才能。"

"体力"和"才能"两种平时鲜少搭配的词语组合在一起可说是相当有趣。各位不妨以此为例，运用这些非刻意创造出来的话语，制造新的词语组合。

应用：

· 体力是最佳的才能！（体育大学宣传标语）

· 容易喜欢上一个人，也是一种才能。（女性杂志的特辑文案）

· 怕生，也是一种才能（育儿杂志的标题）

　　无论在街头巷尾、电视或是杂志上，都有许多像这种不知道是谁随口说出的名言。人们不经意说出的话语，总是能令人感到惊艳有趣。各位不妨随时收集起来，以便需要之时善加利用。

技巧 56

模仿电影、小说或乐曲

接下来要提及的手法与技巧 53 相似，思考标题之际，仿照知名的标题也能令人容易记住。

许多书籍都是参考知名标题，加以仿照。

原文:《韩塞尔与葛蕾特》(《ヘンゼルとグレーテル》)
范例:《减少尔与增多特》(《ヘッテルとフエーテル》)
（将原名稍作改变，来表示金钱的增多与减少，译为"减少尔与增多特"）

《减少尔与增多特》是 2009 年获颁"全日本只看标题大奖"描述金钱与投资相关寓言的书籍。这个书名明显是以《格林童话》的《韩塞尔与葛蕾特》为原本改写的，可说是讽刺味十足的优秀标题。

下一个案例也是因为仿照原案改写，而让书名显得强劲有力又出色。

原文：《1984》

范例：《1Q84》

2009 至 2010 年间的畅销书《1Q84》（村上春树著），其书名就是仿照乔治·奥威尔（George Orwell）的作品《1984》而来。《1984》是写于 1948 年的未来小说，描写的是受到极权国家统治的恐怖。

此外，也有许多广告的宣传文案是仿照著名小说或电影的名称而改编的。最近格外出众的是雅玛多国际物流的广告宣传文案。

原文：《我是猫》

范例：《宅配是猫》（中译：黑猫宅急便）

这是唯有以"黑猫"当作商标的雅玛多国际物流，才能够做到的出色模仿。

各位在想商品或活动名称时，不妨思考是否能够仿照知名电影、小说或乐曲的名称。日本的《和英·英和标题情报辞典》（小学馆出版）就是将欧美知名电影、音乐、文学及美术等名称结集成册的辞典。

专栏6
向野村克也学习"名言力量"

前职棒教练野村克也先生，因为名言数量之多而广为人知。从他口中说出的名言，大多不是当场临时想到的句子，而是事前参考其他文案所准备的语句。

技巧46所提及的名言，"若王贞治与长岛茂雄是在太阳底下盛开的太阳花，那么我就是在傍晚默默绽放的月见草"也是如此。野村先生曾经说过，这句话是在阅读太宰治《富岳百景》的知名章节"富士与月见草相当匹配"之后，突然灵光乍现，而事前储存的句子。

此外，野村先生在球员生涯接近尾声之际的宣传文案"到死都是捕手"这句话，也是他自己想出来的。原先在南海鹰队担任球员兼教练的野村，遭到解雇后，交情良好的作家草柳大藏送了"到死都是读书人"一句话给他，野村便以此为例，给了自己这个称号。

野村先生流传至今的名言："赢有不可思议的赢，输却没有不可思议的输。"其实也有出处。这是肥前国平户藩第九代藩主松浦清（静山）在《常静子剑谈》书中提及的话语。

据说，野村先生晋升教练后广泛阅读日本与中国的古典作品，竭力让自己随时能说出一口好话。这都是因为他深知语言拥有打动人心的力量！

关于此事，野村先生也有一句名言，那就是："领导人的价值，取决于其言词能带给选手多少感动与震撼。"

第七章

通过"组合"产生变化

技巧 57

组合性质不同的词语

本书中多次提及，将性质不同的词语凑在一起，文案便会充满惊奇与力量。

"草食男子"和"肉食女子"在 2008 至 2009 年间大流行，正因为将"草食"和"肉食"平时并不会用来形容人类的词语，搭配"男子"与"女子"，使得这个组合显得十分新鲜。

这种将性质不同的词语凑在一起的手法时常用于广告。1982 年西武百货的年度宣传文案，就是因为使用性质不同的词语组合，而给消费者留下了极为强烈的印象。

范例：美味生活

这句文案的撰写者是系井重里先生。近来"美味"一词与"生活"和"工作"等名词的组合已经相当普遍，不过就当时来说，说到"美味"就只会与食物连接，并没有其他意思。因此，这在当时可以说是相当新奇的搭配。

以 20 岁女性为读者对象的杂志 *FRaU*，其中以"自主女性的单一主题电子报"为宣传文案的特辑，吸引了所有女性的目光。2010 年 7 月的特辑是"美味沙拉"，内容主要是目前大家追求的滑嫩圆润的身体。"皮肤滑嫩"和"圆润"的组合，也是相当创新且令人记忆犹新的搭配。

范例：滑嫩圆润

若想要像书名或电影名称一般，通过简短的字词发挥巨大力量，就请尽量使用意思距离遥远的字词，这样更能让文案刺进人心。

范例：
- 《国家的品格》
- 《我的野蛮女友》
- 《最终兵器女友》
- 《奇爱博士》
- 《发条橙》
- 《欠踹的背影》
- 《狼与香辛料》

上述标题都是因为将意想不到的字词搭配，而使人留下了深刻的印象。2010 年的畅销书《如果高中棒球队女子经理读了彼得·德鲁克》（岩崎夏海著），书名虽然不算简短，不过"女子经理"与"德鲁克"两个出乎意料的搭配，着实令人记忆深刻。

接下来，就此项手法实际应用看看吧！假设现在各位必须要想出一个新的策划。这种时候就必须先找出关键词，并试着与性质不同的字词互相搭配。

假设现在有一个关键词是"大人"。如果将"大人"和与小孩息息相关的事情搭配，就能加深其乐趣。

范例：

· 大人的校外教学

· 大人的毕业旅行

· 大人的柑仔店

· 大人的暑假

· 大人办的家家酒

· 大人的自由研究

如果关键词换成"男生"，就能通过与"女性用品"结合，让字词充满"心动感"。这或许能成为商品开发的灵感（若是男女定位互相对调，这个文案就无法成功吸引他人目光）。

范例：

· 男生的粉底

· 男生的指甲保养

· 男生的化妆技巧

假设各位是一家餐厅的老板，餐厅一到午餐时间就门庭若市，可到了晚上却门可罗雀。发生这种情况，请各位试着将"商业午餐"当作关键词，微调营业时间。如此一来，意想不到的词语也会令人难以忘怀。

范例：
- 早上的商业午餐
- 晚上的商业午餐
- 半夜的商业午餐

如果能够继续发展下去，以"365 天 24 小时商业午餐的店"作为餐厅的宣传文案，应该会有不错的效果。

比起一般在菜单上看到的"早餐""午餐""晚餐"，若能让顾客无论何时前往餐厅，都能够有划算的感觉，就能发挥力量。

请各位试着将这些已听惯的老套词语，与平常鲜少搭配在一起的词语组合，或许能够想出刺进心坎的文案。

技巧 58

使用"神奇字句"

只要使用某种特定话语，就能够让许多人产生兴趣，或容易把商品卖出，这就是神奇字句的功效。相反的，如果神奇字句使用不当，就会使文案沦为廉价品。尤其是内容与标题不一致的话，在事后便有可能成为众人批判的对象，这点请务必特别注意。

有些神奇字句，常用于商业或实用书的书名，接下来要向各位介绍这五大类神奇关键字。只要在图书网输入关键字查询，随便都能出现千件以上的搜寻结果。

1. 变人生（人生有所转变）
范例：
· 《改变人生 80 比 20 的法则》
· 《改变人生！梦想设计图的绘图方式》（中译本为《梦想设计图：日本梦想计划大奖得主的成功秘诀》）

· 《改变人生"当机立断"的力量》

· 《通过行动科学改变人生》

· 《改变人生的朝活！》

· 《立即改变人生的 6 个简单方法》

· 《改变人生的 1 分钟整理术》

· 《人生改变，感谢的话语》

· 《人生改变！"梦想·实现力"》

2. 改变命运

范例：

· 《改变命运的技术》

· 《改写命运的真实话语》

· 《"思考"改变命运》

· 《改变命运的 50 个小习惯》

· 《改变命运的汉方体操》

· 《读过就会改变命运的当代文学法则》

· 《人生仅仅 2% 就能改变命运》

3. 只要○○就能 ×× （技巧 25 也曾提及）

范例：

· 《围着就能瘦》

· 《贴着就能瘦》

· 《睡觉就能瘦》

· 《记录就能瘦》

- 《只需看过就能写小论文》
- 《光阅读就能禁烟的绝对疗法》

4. 魔法

范例:

- 《头脑变好的魔法速习法》
- 《2 周就能改变一生的魔法话语》
- 《让小学生提升阅读能力的魔法书柜》
- 《业务员的魔法》
- 《小孩乖乖长大的魔法话语》
- 《凡人变身超级业务员的说话魔法》
- 《被爱成为有钱人的魔法话语》

5. 奇迹

范例:

- 《奇迹的苹果》
- 《半日断食的神奇疗效》
- 《为人生带来奇迹的笔记术》
- 《奇迹的居酒屋笔记》
- 《自己创造奇迹的方法》
- 《奇迹的经营》
- 《设计创造奇迹》

在各位的书架上,想必也能够看到与上述书名相似的书籍。

尽管市面上已有许多书籍以相同关键词作为书名，却还是有类似的书籍陆续出版。

这是因为使用"神奇字句"，就能大幅提升销售量。因为所有读者都希望能够"轻松获得改变人生或命运的魔法与奇迹"（还只需花一千多日元即可）！除此之外，"秘诀""密技""秘密""简单""方便"等字词，都可称为"神奇字句"。

不局限于书名，"神奇字句"的使用范围极广，还可用于杂志标题、电子报或博客的标题等处。不过，正如开头所言，这些字词使用不当可能会让文案变得廉价或是令人有所防备。因此在制作大企业的媒体文案时，就可能会变成典型的 NG 字词。

技巧 59

刻意使用少见词语

看到少见的词语，会让人停下来，心想：这是什么？
进而提高产生兴趣的可能。

以读者感兴趣的话题搭配平时少用的生硬或古老的说法作为
标题，是女性杂志经常使用的手法。因为这般不协调的感觉，反
而能给人留下深刻的印象。请参考下列时尚风女性杂志 *SPUR* 的
标题。

普通：2010 模特儿界将有所改变
范例：2010 "模特儿维新" 即将开始

政治用语 "维新" 与 "模特儿" 的组合，可说是相当新鲜。
下一个范例是女性杂志 *CREA* 每个月最受欢迎的电影特刊的
文章标题。

普通：对 ×× 有效的电影最佳前 10 名

范例：电影处方笺最佳前 10 名

此范例也是因为使用医疗用语"处方笺"和"电影"的组合起了化学反应。下一个是美容系女性杂志 *MAQUIA* 的文章标题。

普通：现在立即加入"瘦脚教室"

范例：即刻进门！立即奏效"瘦脚道场"

"道场"这种有些年代感的词语，反而显得新鲜又能够达成效果。下一个介绍的，是以 40 岁职场女性为目标读者的女性杂志 *STORY* 的文章标题。

普通：公布！10 位时尚领导人

范例：公布！10 位时尚内阁

"时尚内阁"的表达手法也相当特殊。其中职务从总理大臣、丰满迷人大臣到休闲战略局大臣等都有，职位可以说是多彩多姿。

接着，让我们来看看俨然成为女性杂志始祖的 *LEE* 的活动文案吧！

普通：女人 30，知道自己体内蕴藏多少丰富资源吗？

范例：女人 30，知道自己的蕴藏量吗？

因为使用"蕴藏量"一词，即便不像普通文案那样说明得那么详细，也能让接收方立即了解语意。再者，因为平常鲜少使用，更能让人印象深刻。

那么，下一句又如何呢?

> 普通: 来探讨我们的危机管理吧!
> 范例: 少女限定的危机管理委员会

> 普通: CREA 支持职业妇女
> 范例: CREA 职业妇女委员会，即日成立

由上而下分别是 *SPUR* 和 *CREA* 的杂志文章标题。"委员会"一词虽然有点年代感，不过带有"大家一起努力"的气氛，还是相当不错的!

顺带一提，以 30 岁女性为目标读者的杂志 *InRed*，曾经有个名叫"小泉今日子执行委员会"的热门连载专栏，由女演员小泉今日子担任"委员长"，和兴趣多元的 30 岁女性共同挑战新颖事物。此专栏的内容在 2010 年结集成册出版。

技巧 60

专业术语搭配惯用词

这一项与技巧 57 有些类似，将特定专业领域术语和普通的字词搭配，就能产生焕然一新的感觉。

下列是搭配专业术语的畅销书书名。

范例：

· 《杠杆时间术》

· 《IDEA HACKS！创意工作密技》

· 《Alliance 工作术》

"杠杆"（leverage）一词是金融术语，"HACKS"是资讯科技术语，"Alliance"则是经营管理术语。这些专业用语和"阅读术""工作术""创意思考"等商业书籍常见的固定用词搭配，便会显得相当新奇，令人不禁产生兴趣，想知道究竟是什么内容。

在各位所属的业界，肯定也有独特的专业术语。专业术语结合"阅读术""工作术""创意思考"等常见词,说不定可以创造新型商业技巧。

这种手法常用于杂志,希望借此吸引读者的兴趣。接下来要介绍的是 *ANAN* 的文章标题。

范例:"女神 laundering"实录报告

"laundering"原意是"洗涤",一般常用在金融方面,意指"money laundering(洗钱)"。最近更进一步延伸,发展出"洗学历"的用法。

这个范例就是将"laundering"和"女神"经典词语搭配,让文案显得新奇又引人注意。

下一个是杂志 *SPA!* 的文章标题。

普通:女人的价值低落

范例:女人已经通货紧缩

"通货紧缩"一词并未专业到很少见的地步,不过和"女人"如此常见的词语搭配使用,就能吸引他人兴趣。

下列同样也是 *SPA!* 的标题。

普通:公司联谊信息

范例:联谊季报

　　公司季报是将各分公司的信息和业绩结集成册，和"联谊"一词组合就是其经典之处。

　　下列是 *AERA* 的文章标题。

　　普通：增加夫妻间的互动，家庭圆满

　　范例：夫妻间的 B2B 交易，家庭圆满

　　"B2B"原是指企业之间的交易，此处用来形容夫妻之间的互动，可以说是相当有趣。

　　接着，请试着运用此项手法。假设各位的职业需要具备专业执照，例如：律师、会计师，或是理财专员等。在此以律师为例，进行说明。

　　即使拥有执业证，也不一定能够找到工作，这就是社会现状。为了突显与其他律师的差异，就从职业名称下手吧！利用专门用语和"律师"这个固定职业名称进行组合。

　　普通：律师

　　改善：

・综合性律师

・联合律师

・金融律师

・公司治理律师

・逻辑思考律师

・推特律师

即使同样都是"律师"，通过与不同专业用语结合，也能突显个人色彩。不过并不是所有专业用语都可以套用，我想这应该不必多言。如果专业术语无法呈现各位擅长的领域或技能，就毫无效用。

如果名片上印有上述类型职称，交换名片时，就可能被询问："这是什么意思？"因此就有进一步说明的机会了。将专业术语和自己擅长的领域相结合，便能够自然地夸耀自己的专长。

技巧 61

将名词与动词刻意"乱搭"

有时将平常不会放在一起的名词与动词组合，也能引起化学反应，创造出有趣的文案。

假设各位是商业杂志的编辑，必须以"工作"为关键词，想出新的策划与标题。

说到"工作"的动词，一般都是用"做"居多。如果搭配一个完全不同属性，平时绝对不可能放在一起的动词，就会产生崭新的文案。又或者，会由此想出新的策划案。

普通：

· 做工作

改善：

· 阅读工作

· 行走工作

· 设计工作

- 压制工作
- 吃掉工作
- 玩工作
- 拥抱工作

若将"工作"一词替换成更狭义的主题，例如"简报""上班""策划书""会话"等词，不同组合产生的化学效应也会不同。同时，此手法当然也可运用在"工作"以外的词上。假设各位是女性杂志的编辑，试着以"恋爱"一词想出可互相搭配的动词。

普通：
- 谈恋爱
- 陷入爱河

改善：
- 编辑恋爱
- 恋爱大扫除
- 嘘！恋爱
- 登陆恋爱
- 替恋爱捶背

像上述文案一般，组合平常不会搭配在一起的名词与动词，就能呈现出意想不到的文案。请务必多多尝试多样组合，若将之用在名片上，或许会出现蛮有趣的效果。如果各位是业务员，名片就会呈现出下列样貌。

　　普通：资深业务　铃木二郎
　　改善：设计业务的男人　铃木二郎

技巧 62

重新整合共通点

向他人推销物品时，比起零散地介绍，倒不如将共通之处整合为一，以便信息能轻易进入接收方的大脑。如此一来，也能提高接收方"认为与自己有关"的意识。

收集了许多零散的小道消息结集成特刊的杂志不可计数。

范例：
·《周刊文春》
"挖掘万人迷真面目"大篇幅特刊
艺人父子的丑闻、航天员丈夫的佳话、知名高尔夫球选手时常关注的手机博客、拳击世家的报道
→ 全是名人的秘密

范例：
·《周刊新潮》

"红色战士"大篇幅特刊

有意转战政治舞台的女艺人私生活、沙滩排球界的

传闻、前首相夫人博客介绍的欺诈专家，以及政治

世家的绯闻

→ 尽是以女性为主角的报道

上述范例中，每一篇的报道类型虽然不尽相同，但由于统一标题便能让文案看起来有一致性。

以书店的陈列为例，一般而言，大致会分成杂志、小说、散文、科幻、商业、生活、考试、新书等，而这些分类方法都是依据销售方的立场而定。

不过，若以顾客的需求为出发点就会发现，顾客比起分类，更重视"现在自己所需的书籍和杂志"。然而，顾客在大多时候，却又并不清楚自己需要的是什么。

内心是不是有类似的想法？不妨试着由传递方主动提出向顾客提供未察觉的需求信息。以下举例说明。

普通：杂志、小说、散文、科幻、商业、生活、考试、

新书

改善：

·给为了人际关系伤透脑筋的你

·给想改变自己的你

·给想要成为能干工作者的你

· 给想要更了解社会运作的你

· 给好一阵子没谈恋爱的你

· 给想要尝试新事物的你

请不要受到上述普通例子的既定类别限制，不妨向改善后的案例看齐，试着在同一个书架上，摆满不同种类的书籍吧！例如，在"给想要成为能干工作者的你"专区内，除了商业书之外，也可以陈列具有传统教育意义与启发的小说或与哲学相关的书籍。如此一来，就算平时只看商业书的人，也有可能购买其他类型的书籍。

这个手法同样可用在超市等食品商店。若超市货架上的商品摆设总是一成不变，顾客就有可能感到厌倦。"北海道专区""甘醇酱油齐聚一堂""当季蔬菜""意大利料理这样做"等，不妨试着以周或月为单位，设立相关食材专区。

时常提供新信息，让顾客察觉自己的需求，顾客对店家的印象也会有极大改善。

若在公司或工作中，发现有凌乱不堪的事物，不妨将之整合，并给予不同的名称，如此说不定也会有新发现。

技巧 **63**

将信息系统化

这点与技巧 62 相似，都是通过整合众多信息，以系统化方式让接收方更容易理解。

经过系统化的信息，可用"法则""公式""规则""方程式""黄金定律""原则"等词形容。

以上述词语为名称的书籍不可胜数。顺带一提，本书也是将广告文案力的原则系统化，整合成 77 个技巧。将内容整合为法则，就能使整体形式浅显易懂。

各位手边的工作或是公司的业务，只要能够整合出"法则"或"公式"，就能给人更佳的印象。因此，就算是不需特别提出来的事情，也要刻意将其化为法则或公式。

假设各位是超市的店长，为了让店员学习待客技巧而需发放相关教学手册。请试着替标题命名。

普通：能够让顾客掏钱购买的待客之术

改善：能够让顾客无法抗拒购买欲望的待客法则

只要记住这五大法则，你也能成为销售高手

虽然手册内容都一样，不过各位是否能够感受到改善后的文案比较吸引人呢？除此之外，通过系统化的整理，传递方也能够理清自己的思路，可以说是好处多多。此项技巧适用范围广泛，策划书、简报中等皆可运用。

技巧 64

将物品与人结合

　　我们在思考商品的推销文案时，通常会偏重在想让顾客了解商品的功能或价值上。不过，某些时候接收方根本对商品规格毫无兴趣。这时，就必须替商品加上"人"的要素。

　　假设各位是摄影机的销售人员，一定会想要突显自家产品与别家产品功能的差异吧！不过，与其介绍商品本身，倒不如让对方知道"使用该产品会带来什么好处"，这样更能打动对方的心。以下是实际案例。

　　2009 年索尼为了宣传 Handycam 数码摄影机，在公司网站播放以"Cam with me"为题的宣传影片而大受讨论。

　　范例：　"将平凡无奇的每一天变成无可取代的回忆"
　　　　　　（影片内容为女儿出生到结婚的过程）

即使没有针对商品规格做任何说明，只要在介绍商品时加上"人"的要素，便能让人产生"我果然还是需要一台数码摄影机啊"的想法。

在电视上介绍商品时，Japanet Takata（日本电视购物公司）的高田明社长一定会设立实演时间，介绍实际使用情形。比起商品的规格信息，述说购买商品之后会带给顾客什么样的未来才能真正达到效果。

踏入位于日本东京都国立市的蔬菜餐厅"小农厨房"，会看到像是选举海报一般，贴着生产者大头照的文案。在蔬菜产品上加上"人"的要素，便能借此提高价值。味道和制作方法固然重要，不过大多数人还是会想了解蔬菜栽种者的理想，借此提高对产品的信心。

这不仅适用于农作物，亦适用于工作。假设各位正在为自家产品制作传单，不妨请参与生产过程的制造负责人和开发负责人露脸，亲自述说制造过程的辛劳或不为人知的故事。

在后面第九章会提到"说故事"的手法，加入"人"的要素，也能提升接收方感兴趣的可能。

故事不一定要多么精彩，只要故事中有人物登场，自然而然就会有看头。

技巧 **65**

加上"时效性"

　　许多人即使觉得商品不错，心里总是会想："算了，以后再说吧。"为了让接收方立即行动，就必须加上时效性的讯息。

　　日本媒体界有一本《媒体电话簿》，刊登了日本媒体相关人或企业的联络方式，每一年都会修订再版。每年一定有人会重新购买，也有人丝毫不在意，就这样过了一年又一年。2010 年版的 POP 就确实抓住了这种心情，请看范例。

　　普通：是不是该重买了呢？
　　范例：今年正是换新版的最佳时机。

　　多年没有购买新版书的人，看了这个文案之后，应该都会想要购买新版吧！

　　那么，接下来试试巧妙运用词语，让读者有时间感的案例。

普通：完美无缺！花粉症对策

范例：完美无缺！花粉症对策 2010

这是以职场女性为目标读者的杂志《日经 WOMAN》内的文章标题。只是加上年度，就像是新增了 2010 年度最新的东西一样。

下一个案例也是，只是多加一个词或许就能引起顾客购买的欲望。

普通："畅销理由"营销理论解决烦恼！

范例："畅销理由"最新的营销理论解决烦恼！

上述是出自 *President* 的文章标题。虽然只是增加了"最新的"一词，却像是刊登了前所未有的最新情报。下一个案例也是一样，增加一个词，效果大不同。

普通：Twitter（推特）导览

范例：Twitter（推特）的最终导览

这是 *SPA!* 的标题。虽然只是加了"最终"一词，但对于尚未注册 Twitter（推特）账号的用户来说，却会产生不想错过最后一班车的心情，从而让文案显得吸引力十足。

此外，也可以加上四季的词语，像是"春""夏""秋""冬"等词。或是"过年""儿童节""黄金周""母亲节""父亲节""七夕""暑假""中秋节""圣诞节"等，将年、节假日与本来不具时效的事物结合。

若是在公司的公关宣传部，负责向电视、报纸、杂志、广播等媒体发送新闻稿，邀请采访或是撰写报道等，针对商品加上"立即"的信息就变得相当重要。

请随时准备好四季、节日和自家商品的有趣组合，然后在节日来临前一个月（月刊杂志则是 2~3 个月前）将新闻稿寄送到对方手上。

再者，除了固定的节假日之外，也必须思考大型运动赛事、选举、法规修订等新闻或当下流行的商品或服务要如何与自家商品结合。请试着将该组合字词带入标题，写成新闻稿发送给媒体。

如此一来，便能够大幅提升自家商品或服务接受采访、被报道的可能性。

技巧 66

用关键词打遍天下

将通篇广告文案以单一关键词贯穿，就能让接收方的印象更加深刻。

为 10 岁以上小女孩打造的时尚杂志 *Popteen*，就是以"盛装（日文：盛り，意指从头到脚仔细打扮）"这个单一关键词成功在出版业不景气的情况下，还不断拉高了销售册数，而杂志特刊的标题全部都由"盛装"组成。

范例：

- 用萌系盛装征服世界！本月号即将突破 50 万册
- 春天的低单价盛装时尚大运动会！
- 这个春天，蓬蓬盛装的头发最可爱
- 初学者绝对也能盛装！初学者的化妆 BOOK
- 1000 名读者的"神级宴会盛装"大游行！
- 新春超级盛装！"迎接春天"化妆密技

·大家都在意读者模特儿的"专业盛装"MAX

所谓的"盛り"，指的是化大浓妆，将发型眉毛等弄成比平常还要夸张的模样。不过，从上述范例可发现，这个定义已经无法跟上时代潮流。总而言之，就是要贯彻始终使用单一关键词的手法，再将该关键词与其他词语组合，就能让杂志本身产生力量。

书籍也是一样，一位作者如果能用共同的关键词作为系列书名，读者对作者的印象也会更加深刻。

技巧 67

借助权威的力量

> 人类总是无法抗拒权威、名人或头衔，这在心理学上已被证实，被称为"晕轮效应"。

人类无法抗拒权威的程度，许多研究人员已通过实验证明了这点。社会心理学家斯坦利·米尔格兰姆（Stanley Milgram）所做的实验就相当惊人（请参照本章最后的专栏）。

曾经有一个实验发现，向他人介绍某人是"物理学家"或"邮局员工"后，即使这两人表达相同的意见，他人相信的概率也会出现好几倍的差异。这是因为人类在意的并不是所说的内容，而是说话的人。

许多广告会请医生或牙医推销商品，其实就是运用权威的力量。像是"世界食品质量评鉴大赛金牌"或是"宫内厅皇家认证"等奖项，都是借助权威以彰显产品保障的案例。

在研究报告写上"某某大学调查""研究中心调查"，就能够得到大多数人的信任。

那么，当无法借助权威或名人的力量时，该如何是好？这时候就需要栽培专家，将其视为权威。

我们就以酒类专卖店的日本酒 POP 作为探讨范例。

普通：店长推荐！

改善：一心一意经营酒类专卖店 18 年的顽固店长的
　　　真心推荐！

改善后的文案是不是看起来比较有力呢？这是借由突显店长在这一行待了 18 年所培养的专业性而带出的权威形象。

不过，不是只有多年经验才是专业。以下以录像带出租店的电影 POP 为例。

普通：店长推荐！

改善：年看 500 部电影的员工山口，今年哭得最惨
　　　的电影

这个范例也是改善后的比较能够吸引人吧！即使只是员工，也可以通过一年观看 500 部电影来达到专业性，从而带有权威意味。

仔细想想，就算 18 年来一心一意经营酒类专卖店，也并不代表就拥有辨别好酒的能力；年看 500 部电影也不代表他推荐的都是好电影。不过，无法抗拒权威的人，只要看到比自己厉害的专业人士推荐，就会在无意识中受到吸引。

因此，各位在替商品制作传单时，请务必带入此项技巧。

技巧 68

请使用者背书

> 不论企业、店家、个人，只要是信息传递者的发言，接收方几乎都不大相信。因为他们都认为信息传递者"只会透露对自己有利的信息"。相较之下，与接收方站在相同立场的使用者心声就较容易得到信任。

各位有没有在店里挑衣服，遇到店员说"这件我自己也买了"而决定购买的经历呢?

这是因为店员的角色从卖家转为了与消费者站在同一阵线的伙伴。听到店员这么说，我们会觉得：这么了解商品的人都买了，质量应该不错（当然，不可否认的是，店员可能真的购买了那件商品，也有可能仅仅是对每一个人都这么说而已）。

电视购物频道销售健康器材时也是一样，一定会通过使用者的心声宣传商品。因为比起商品生产者传递的信息，观众反而比较相信使用者的心声。

被称为美国广告界巨人，世界级广告代理商奥美集团的创办人大卫·奥格威（David Ogilvy），就曾说过这段话：

"文案一定要随时附上推荐文。对读者来说，比起匿名文案人员的大力赞赏，他们更愿意接受和自己站在同一阵线的消费者伙伴的推荐。"（《一个广告人的自白》）

接下来，就以假设要为商品制作传单来练习。

无论写出多么吸睛的文案，罗列多少华丽辞藻，接收方都不愿意无条件相信广告内容。这时，就试着刊登与接收方站在相同立场的使用者的心声吧！如此一来，就能提高获取信任的可能性。

不过，利用使用者心声的宣传也必须注意几点事项。许多刊登使用者心声的广告都是令人存疑的商品。正因为这些商品得不到消费者的信任，文案才会夸大商品功效。

因此，若是过度赞赏产品或服务，往往难以得到消费者的信任。重点就在这里。以结果来看，包含负面消息在内，若能诚实地说出使用者的心声，较能获取信任。若要运用此技巧，就必须更加留意上述几点。

技巧 69

出其不意，令人大吃一惊

在电影或小说中，有趣的故事通常都会让观众始料未及。广告文案也是如此。即便文章内容简短，读到一半却发现与当初预想的发展有所出入，人们就会对这出其不意的战术产生兴趣。

来看看 2000 年的卖座恐怖电影《大逃杀》的广告文案吧！

范例：今天上课的内容是——互相残杀

"今天上课的内容"之后出现"互相残杀"的字眼，可说是相当令人意想不到的内容。

下面是日本三得利罐装咖啡 BOSS 的广告，外星人汤米·李·琼斯调查地球时说的话。

范例：这个世界一文不值，却精彩万分

"一文不值"后面紧接着"精彩万分"，令人感到出其不意之外，用这两个词的组合来形容这个世界，又不禁让人敬佩文案者搭配的巧妙。

接着是 1982 年日本经济新闻社的广告文案。

普通：离开学校也继续学习。
范例：各位同学，离开学校，来学习吧！

学校本来应该是学习的地方，这里用了离开学校之后来学习这种矛盾的说法，反而令人备感新奇。基于目前许多大学生不读书的事实，反而带出了真理。

专栏7

斯坦利·米尔格兰姆的权威服从实验

技巧67提到的社会心理学家斯坦利·米尔格兰姆的实验，一般被称为"权威服从实验"。这个实验确实将人类无法抗拒权力或权威的事实化为数据，为人类带来了相当大的冲击。

米尔格兰姆首先通过报纸，以调查"惩罚对于记忆的效果"为研究目的，征求一般美国市民作为受试者。接着，通过抽签决定学生与老师的角色，并将他们分别带到两个相邻的房间开始测试。事实上，真正的受试者是老师的角色，而学生则是由实验人员（跑龙套）扮演。

扮演老师的受试者已经接收到米尔格兰姆的命令，若隔壁房间的人答错问题，就要施予电击惩罚。错得越多，电压就会调得越高。在隔壁房间扮演学生者受到电击，就会痛苦地发出尖叫（实际上当然没有电流，只是演戏而已）。

大部分受试者都想要放弃。此时米尔格兰姆就会下令"这是实验，请继续"。竟然有高达65%的受试者会将电压提高至刚开始就被告知的会有生命危险的最高电压。即便这是在大学的研究室里面，但如果真正有心想要拒绝调高电压也很容易，可他们还是没有这么做。因此，所有人都必须意识到："原来人类是一种多么无法抗拒权威的生物！"

第八章

勇于"造词"更吸睛

技巧 70

试着缩短词语

通过缩短词语，便能带出不同的语意，使词语成为新的词语。

"アラサー（arasa，日文'约30岁'的简称）""婚活""帅男（イケメン）"等自创词语，从很多年前开始就有人在使用，到后来更已成为惯用语，这些都是将词语缩短而来的。

"婚活"是"结婚活动"的简称，指为了结婚而采取的各种行动。据说，这个词是由社会学家山田昌弘先生仿照"就职活动"（就活）一词而来。"帅男"则是形容脸蛋俊美的男子，是"帅气男子"或"帅气脸庞"的省略用法，据说最先使用这个词的是1999年的辣妹杂志 egg。

老实说，发明能够引领流行的自创词语，通常很难一气呵成。首先，就从简单的开始做起。秘诀就是缩短多加的东西。

例如，若要在居酒屋的菜单上表达"好吃"，但老是用相同的词语会令人感到厌烦。这时，除了"好吃"之外，必须增添描述味道或口感的形容词，并将之缩短，借此表达"好吃"的多样性。

　　普通：好吃
　　改善：
　　·香辣好吃
　　·超级好吃
　　·甘甜好吃
　　·爆好吃
　　·松软好吃
　　·嫩滑好吃
　　·Q 弹好吃

　　从这几个案例应该可以感觉得到这些词分别是形容何种料理。

　　接下来，试着用丰富的词语来表现食物的口感吧！同样是松软的口感，改变形容方式，印象也会随之改变。

　　普通：松软
　　改善：
　　·绵密松软
　　·酥脆松软
　　·松软 Q 弹
　　·清爽松软

由此可知，表现方法可说是有千百种。

另外，想要形容衣服或杂货等的可爱，也可试着下点功夫。如下列方式。

> 普通：可爱
>
> 改善：
>
> ·自然可爱
>
> ·绵绵可爱
>
> ·怜人可爱
>
> ·蓬蓬可爱
>
> ·疗愈可爱
>
> ·盛装可爱

专有名词更常采用这种缩短词语的手法。许多名词甚至已经约定俗成，成为固定用法了。

例如，日文的"パーソナル・コンピュータ（personal computer，个人计算机）"，现多已简称为"パソコン（自创词语，发音近似 personcom）"，而"エアー・コンディショナー（air conditioner，空调）"则已简称为"エアコン（aircon）"，且咖啡连锁店"星巴克"，在日常生活中则大多会简称为"SUTABA"。

光是将现有商品或服务名称缩短，就能创造出新的名词。如果商品名称过长，就必须事先考虑省略后是否能够朗朗上口。

技巧 71

组合自创词语

　　此手法与技巧 57 有点类似，通过词语的组合引起化学反应，进而产生具有崭新魅力的自创词语。

　　日本 2009 年的流行语"小孩店长"，出自丰田汽车的广告。"小孩"和"店长"这两个稀奇组合的自创词语，让人产生了深刻印象。

　　"家电艺人"同样也是日本 2009 年的流行语。"艺人"对"家电"了如指掌，这个令人难以联想的组合，反而博得好评。虽然时代有点久远，像是日本 JR 东海线设计的"灰姑娘特急（指星期日晚上末班车）"或俵万智先生的歌集《沙拉纪念日》等，都采取了相同的模式。

　　以《太阳之塔》《春宵苦短，前进吧少女！》《四叠半神话大系》等小说闻名的日本小说家森见登美彦先生，也是这种自创词语组合的名人。接下来就看看几个例子吧！

范例：

·朋友拳＝朋友＋拳击

·浪漫引擎＝浪漫＋引擎

此外，歌手椎名林檎的专辑，也因为标题是性质不同的词的组合而给人留下了深刻的印象。

范例：

·《天真暂停》＝天真＋暂停

·《胜诉舞娘》＝胜诉＋舞娘

上述范例都是相当意想不到的组合，想必会令人看一眼就有印象。重点在于，每一个都是难以混合搭配的词语。

各位不妨试试看，将要宣传的业务名称和难以融合的词语搭配在一起。说不定能够发展成独一无二、极其特殊的自创词语。

这种将不同性质的词语组合在一起的手法，在命名时也可发挥力量。如果各位是业务员，不妨尝试利用性质不同的词语互相搭配，来替自己的经营手法取名。例如以下几个范例。

范例：

·甲鱼业务（一旦抓住就死咬不放的业务员）

·自助餐业务（等对方来领取商品的业务员）

- 疗愈业务（不强求而追求疗愈的业务员）
- 国王业务（像国王一般等待对方跪拜的业务员）

上述命名能清楚突显业务形态。

技巧 72

用谐音自创词语

想要创造新词时，谐音也是一种相当有效的手法。

以下是出现在针对年轻商业人士的杂志《日经 Business Associe》的文章标题，范例巧妙地使用了自创词语。

普通：再见了电车通勤
——脚踏车通勤者急速增加
范例：再见了"痛勤"！
——脚踏车通勤者急速增加

将"通勤"和"痛勤"替换，表达高峰时段的辛苦，这种读音相近，但替换不同字词、突显不同气氛的技巧时常可见，请看下面的案例。

范例：

· 连胜 → 连笑（日文"胜"与"笑"同音）

- 进击 → 神击（日文"进"与"神"同音）
- 胜利呼ぶ一打（赢得胜利的一击）→ 胜利呼ん打（制胜打击）（"呼ん打"浓缩了赢得胜利的含义）

另外，日本高中生之间也流行使用同音异字来表达"亲友"一词（"亲友"本身的含义也已有所改变）。

范例：
- 新友（刚结交的朋友）
- 信友（值得信赖的朋友）
- 心友（打从心底信任的朋友）
- 真友（真正的朋友）
- 神友（不用言语也能互相了解的朋友）

其他还有"寝友""伸友""清友""慎友""辛友"等，照这样下去应该有无数种选择（思考每一种含义，也相当有意思）。据说在高中生之间，原先"亲友"的意思是指"有点亲密的朋友"。

从上述案例可看出，只要使用同音异字，就可以让语意产生些许改变。请各位试着将此技巧运用在工作上，例如，改变贵公司的部门名称。以下，用同音异字替换营业部（业务部）的"营"字来做示范。

普通：营业部

改善：

· 荣业部（让顾客或自家公司繁荣的部门）

· 永业部（与顾客能够维持长久关系的部门）

· 锐业部（精锐聚集的业务部门）

· 影业部（化为影子在背后支持的业务部门）

无论用什么字替换，跟"营业部"一词比起来，是不是感觉比较新鲜呢？而且，也能够让隶属其中的员工，更加认识到自己的职责所在。

此外，若名片上印出特别的部门名称，也容易给予新旧客户一个开启话题的契机，更容易相谈甚欢。如果也能替其他部门想一些类似的自创词语，应该也会挺有意思的。

除了替换汉字之外，还有"自创词语"的方法。例如，改变部分惯用句，带出含有新意的自创词语。

普通：理性至上（頭でっかち）

范例：情感至上（心でっかち）

这也被运用在《情感至上的日本人》一书的书名中。"情感至上"和"理性至上"意思相反，充分表达了"情感可以解决一切"的想法。

另外，也有一种替换部分的四字成语（包含读音），进而产生新意的手法。

　　普通：文武两道

　　范例：文武两脑

　　"文武两脑"是教养杂志 *edu* 提倡的自创词语，意思是要培养会读书也会运动的大脑。

　　像谐音等自创语词的方法也有很多种，只要使用恰当就能够给人留下深刻的印象。

技巧 73

串联首字

　　现在有许多公司会改变原有的名称，将英文名的第一个字母串联起来，当作公司正式名称。例如，日本电报电话公司→ NTT（Nippon Telegraph and Telephone Corporation）、JR（Japan Railways）、东京广播 → TBS 电视台（Tokyo Broadcasting System Television，Inc.）等，都是采用这种方式。

　　最主要的原因是"较容易被记住"。以相同的方式串起字首，再依照法则处理或是自创词语，便能让人记忆犹新。

　　首先介绍将英文的第一个字母串联起来的范例。

　　范例：3R 省钱术

　　这是消费者为了生活安全而采取的省钱方法，近来经济状况愈趋严峻，使这个词也越来越常见。所谓的 3R 即"Repair / Reuse / Rent（修理／重复利用／租借）"，而原先的 3R"Reduce / Reuse / Recycle（减量／重复利用／回收再利用）"，是用于谈论环境问题的，上述用法应是由此联想而来。

　　范例：ID 棒球

　　这是 1990 年，野村克也先生接任养乐多棒球队总教练时的口号。ID 是"Important Data"的简称，意指不受限于经验或第六感，以数据为基础，从科学的角度引领队伍。这已成为野村先生的代名词。如果当初没有自创"ID 棒球"一词，此词与野村先生的联系应该不会如此深厚。

　　下一个是日本的警察机关针对儿童犯罪所提出的警告标语。

　　范例：いかのおすし（乌贼的御寿司）

　　这句话虽然能够吸引注意力，不过光从字面上应该无法理解要传达的内容。"乌贼的御寿司"其实是从下列字句省略而来。

　　范例：
　　・いか（乌贼）——知らない人についていかない（不跟不认识的人走）
　　・の（的）——他人の車にのらない（不搭别人的车）

·お（御）——おおごえを出す（大声求救）

·す（寿）——すぐ逃げる（立刻逃走）

·し（司）——なにかあったらすぐしらせる（发
生事情立刻告诉大人）

严格来说，这并不算是取第一个字的省略方式，但却是个有
效吸引注意力、容易记忆的技巧。不过，这个手法并不局限于英文，
像这里的"平假名省略法"也相当常见。

请参考这个串联第一个字的手法，替工作或公司所提供的服
务想出一个表现方式吧！

技巧 74

二次创作

　　即使下定决心创造一个独特的自创词语，也不一定
能够立刻想出来。不过有个相对简单的方式，就是从流
行的新词中寻找灵感，进而发展出二次创作。

　　若要用依样画葫芦的方式寻求成功，有一个相当重要的因素
就是：听起来的感觉需要与原本的新创词语相近。

　　那么，接下来就看看，通过再次创作，从曾经风靡一时的新
创词语转型成功的案例吧！

　　原文：アラサー（arasa，约 30 岁的简称）

　　运用：

　　·アラフォー（arafo，约 40 岁的简称）

　　·アラフィーアラフィフ（ara 或 ara fu，约 50 岁
　　　的简称）

　　·アラカン（arakan，即将迎接花甲之年，约 60 岁）

原文：婚活（结婚活动）

运用：

· 离活（离婚活动）

· 朝活（上班前的活动）

· 休活（假日的活动）

· 婚压（周遭加诸的结婚压力）

原文：帅哥

运用：

· 乙男（粉红系男孩、怀有少女情怀的男性）

· 育男（育儿的男性）

· 家男（家事与育儿都做得很好的帅气男性）

原文：草食男

运用：

· 便当男（自带便当的男生）

· 甜点男（喜欢甜点的男生）

· 装饰男（过度打扮自己的男生）

原文：脑练（大脑训练）

运用：

· 肠练（肠道训练。养乐多提倡）

· 脸练（脸部锻炼）

　　想出像"原文"般跨时代的语句，并不是一件简单的事情。不过，若是想要抓住第二条，甚至是第三条泥鳅（新的自创词语，意指效法他人成功经验）的话，并不是极其困难之事。

　　如果要运用这个技巧，就必须重复做以下事：听到可能会带动流行的语句，就立刻与自家商品或服务联系。不断重复演练，总有一天会抓到第二条或第三条泥鳅。

专栏 8
大宅壮一的名言创造力

大宅壮一先生是日本战后知名的新闻工作者先驱，留下了许多名言与自创词语。不过出乎意料的是，其中大多是参考其他材料而来。

例如，大宅先生的著作中有这么一句话："男人的脸就是一张履历表。"这句话其实大有来头。

原文：他对自己的脸并不满意。人只要过了四十岁，
　　　就必须对自己的长相负责。他的脸是不行的。
运用：男人的脸就是一张履历表。

"原文"是出自美国第16任总统亚伯拉罕·林肯之口，这是个相当知名的小故事。传闻林肯以不喜欢某人的长相为由，回绝了一位阁员人选。他的幕僚抗议："怎么可以用长相判断一个人！"林肯却回应："人只要过了40岁，就必须对自己的长相负责。"（也有人说，其实这句话是出自他处，但被替换为林肯所说。）

大宅先生就是从这个小故事得到灵感，想到"男人的脸就是一张履历表"这句话的。

除此之外，大宅先生所自创的"口comi（口头communicate）""一亿总白痴化"等词语也相当出名。

※ 口 comi：口头沟通的省略。

※ 一亿总白痴化：批评电视的低俗节目所使用的话语。由"一亿总中流化（意指日本有一亿国民朝中产阶级发展）"这个自创词语产生的二次创作。

第
九
章

以故事唤醒情感

技巧 75

写成故事吸引群众

在此简单说明一下，这里的"故事"是指商品或与其有关之人的相关小插曲。如果在文案中蕴含这类故事，便容易打动对方。

人类最喜欢的就是故事。现存的故事中，就有一些是从上古时代流传至今的作品。故事拥有能够影响人类情感、使人留下深刻印象的力量。撰写文案也是一样，只要带有故事性，人们就会不知不觉受到故事的吸引。

日本有一个名叫"游牧民"的公司，专门销售英语会话教材。我们就来看看该公司刊登在报纸上的广告文案吧！以下是一篇长文的开头。

范例：我 19 岁时，母亲替我买了一张前往洛杉矶的机票。"美国似乎可以一边工作一边读大学。

你去那边加油吧！"这是 48 年前的事情。

故事由此展开，在这之后主角一路上遇到了许多波折，不久后步入礼堂。擅长英语的丈夫为了英语欠佳的妻子不断努力摸索制作教材……这篇文案用小号的字体，写满报纸整整一面。

一般来说，为了让广告文案容易阅读，"尽量减少文字数量"是基本原则。这个广告明显违背原则，阅读起来相当吃力，不过因为内含故事，令人不禁想要继续看下去。这个公司似乎定期刊登这则广告，可见读者的反应应该不错。总而言之，故事就是有一股庞大的力量，足以吸引人。

看到这里，各位心中肯定会浮现一个疑问：如果要将想传递的信息写成故事，不就需要长篇大论？可是，这本书不是教我们要用一句话抓住人心吗？

没错，为了让读者了解故事全貌，文章必须有一定字数才行。不过，即便是短短的一句话，也能让读者意识到其中的故事性，引起想要阅读内容的欲望。

本书技巧 10 中提及的《增加 19 倍销售的广告创意法》的作者约翰·卡普斯，就曾成功证明即使只是广告文案，也能让故事存在。卡普莱斯在刚成为文案人员之际，就写出了后来被称为传说的知名文案。那是一所音乐学校的函授课程广告。

范例：我坐到钢琴前，大家都笑了出来，可一旦我
开始弹奏……

各位感觉如何？就算是这种长度的文案，故事是不是也能浮现在眼前？事实上，即使过了好几十年，卡普莱斯所写的这个文案，依旧会被稍作修改用在许多地方。想必各位都曾看过。

例如，下列是改编为英语会话补习班的广告。

> 范例：搭电车时，若遇到外国人向我搭话，旁边的
> 朋友便会不怀好意地窃笑。可是当我流畅地
> 回应，朋友的眼神便会转为尊敬。
> 而我的英语是在哪里进步的呢……

上述案例几乎没有任何变动，不过各位应该可以发现，只要用第一人称对他人说话，就能唤起故事，这种方法可以运用在各种商品上。

接下来请试着用这个方式思考健康器材的文案。

> 普通：产后体重增加，你已经放弃了吗？
> 改善：生完小孩后，体重比以前增加了 10 公斤，原
> 本以为已经回不去而死心了，不过……

下一个以维修公司的文案为例。

> 普通：稍微漏水就是危险的征兆。
> 改善：原本以为稍微漏水没什么。完全没有想到，

一年后会有这般悲剧……

书店的 POP 也可使用故事宣传手法。

　　普通：真诚推荐给各位
　　改善：在书店工作 12 年，这还是第一次遇到能如此
　　　　　撼动我心的书。或许我就是为了与这本书相
　　　　　遇，才做了这许多年的书店店员。

虽然稍微夸张了一点，不过每一个文案是否让各位历历在目呢？
　　就算只是呈现过去的状态，也能够形成一个故事。

　　范例：5 年前，我是在公园过日子的流浪汉。

上述所有文案都是以人为主角，用商品或公司名称替换，也能创造出新的故事。
　　以商品为主角时，可以用商品开发故事、对选材制法之讲究、绝对不能让步的原则、用于制品的最新技术等为故事主题。
　　若要以公司为主角，则可以用公司创业故事、危机处理故事、未来愿景等为主题，下列例子可作为参考。

　　普通：使用严选产地的大豆
　　改善：遇见我认为"就是这个"的大豆之前，我拜

访了日本各地超过 300 个农家。

这是坚持做出好豆腐的文案。将老板对于食材的讲究写成了一个故事。

> 普通：50 年的历史与传统的味道
>
> 改善： "听好了。蛋糕啊，一定要在吃下去的瞬间，
>
> 让人展开笑容才行！ "守护已故祖父的遗言，
>
> 这 50 年都在认真地制作蛋糕。

这是西洋糕点老店的文案，将其历史化为了故事。上述范例用于网站或传单上，都会得到相当不错的效果。

其实到目前为止介绍过的所有故事，都是遵循某种法则而来的。虽然说是故事，但若没有遵循这个法则，也不大能够发挥效果。至于是什么法则，请看下面的技巧 76。

技巧 76

故事的黄金定律

　　若要导入故事，就必须要意识到"故事的黄金定律"。

　　确实，遵循黄金定律，故事才会更加闪亮耀眼。

　　故事的黄金定律，就是触动"全人类共通的感动开关"。即使内心深知"又是一样的模式"，可一旦开关开启，还是会不知不觉深受感动。

　　具体来说，就是兼具下列 3 点要素的状态。

　　故事的黄金定律

　　　1. 主角本身（或被迫）有所不足

　　　2. 怀有一个遥远又险峻的目标

　　　3. 面临无数障碍，甚至是与其作对之人

　　好莱坞电影、娱乐性小说以及漫画等，许多不同的故事情节都会遵循这个黄金定律。除此之外，电视上常看到的介绍人物或企业的纪录片，也多是遵照这个黄金定律的。

例如，2000—2005 年在日本 NHK 播出的大受欢迎的《X 计划，挑战者们》，就是运用黄金定律的典范。

以下举出几个日本节目，光是看到节目名称就知道它们都遵循了此定律。

范例：

- 《窗边族做出的世界规格：VHS 执着的逆转胜》
- 《走过好友之死：青函隧道长达 24 年的大工程》
- 《跨越海洋的甲子园：热血教师？冲绳棒球泪水的初次胜利》
- 《汪克尔47 名战士的决斗：梦想的引擎由废墟诞生》
- 《挑战寒冬黑四水坝：悬崖绝壁的运输作战》
- 《乡下工厂大逆转，征服世界：石英钟 革命性的手表》

上述都是有所不足的主角为了达成遥不可及又险峻的目标，不惜越过种种障碍与纠葛的故事。

重新检视技巧 75 所举出的故事范例，可以知道这全都是按照黄金定律写成的。因此，如果各位要创作故事，不妨将黄金定律谨记于心。

"加入故事"的手法，也可运用在写简报之际。根据主角的选择，故事走向也会有极大的不同。

主角人选有聆听方（客户）、生活者（消费者）与提案人（各位或是公司）三者。

以"聆听方"为主角的故事架构如下：一个有问题（欠缺）的客户需跨越种种障碍，朝着远大又艰难的目标前进。这时必须向客户展现您的提案对于跨越障碍能提供何种贡献。

接着是以"生活者（消费者）"为主角。对于客户的商品或服务有所不满的消费者，借着实施简报的内容，得到了更加美好的未来。

最后则是以"提案人（各位）"为主角。这里要采取的手法，就是叙述各位本身或是公司的故事。

这时并没有必要刻意强调欠缺的部分。"我们因为这样，获得了胜利。""其他公司曾经因为相同的做法而得到莫大利益，所以我们也向您提出类似的提案。"只要建立上述故事架构即可。此项手法尤其适用于有十足业绩的提案人（或公司）。

总而言之，故事能够大大影响人类的内心。

技巧 77

勾起探究后续的兴趣

　　如果故事说到一半就没了，接收方就会按捺不住想要知道后续发展的心情。这种心理作用，被称为"蔡加尼克效应（Zeigarnik effect）"。接下来将说明如何利用这种心理作用来撰写文案。

　　所谓的蔡加尼克效应是指如果尚未知道答案就被打断，会不断寻找后续发展的潜意识作用。本书技巧 20 的"触发好奇心"和技巧 28 的"用猜谜的方式出题"，皆可说是善用蔡加尼克效应而产生的技巧。

　　这里针对富有故事脉络的蔡加尼克效应进行说明。在导入了故事，却又在诉说半途戛然而止的情况下，这种效应会达到最佳效果。

　　以下是餐饮公司说明会的文案。

　　范例：我们将召开一个公司说明会，让宣称"绝对

不进入餐饮业"的学生改变想法。至于内容，
只有当天参加的人才能知道。

各位觉得如何呢？或许一些人会产生反感的情绪而无视这段话，不过这段文案也能成功引起另一些人对说明会内容的兴趣吧。接下来看看旅游代理商在网络上的文案吧！

范例：已经决定暑假的行程了？
这样的话，请不要继续看下去。
因为，只会让你后悔而已。

这个文案是否让人即使已经决定好了暑假行程，不，正是因为已经决定好了，才会更加想知道其内容呢？

不光是蔡加尼克效应，只要能够善加利用人类心理作用的技巧，打动接收方内心的概率就会提升许多。因此站在接收方（消费者）的立场，就希望接收方注意不要轻易上当。尤其是遇到会直接进入商品购买程序的情况，更需要仔细思考"是否真的需要""是否受写作技巧所诱惑"。为此，自己也熟知心理学的写作技巧是最好的方法。在本书中看到觉得很有效的技巧时，就必须注意，当立场调换时不要上当。

请各位善用本书所介绍的 77 个技巧，在工作或日常生活中写出抓住眼球、刺进要害、留在心上的广告文案，为未来开辟出一条道路吧！

结 语

能刺进要害的文案随时都在变

感谢各位将《好文案一句话就够了》阅读到最后。市面上一般有关文案撰写的书籍，大多是由知名广告人或是现场销售工作者单纯为了销售而写的书。

在过去，"广告文案力"或许是专家或现场销售人员才需具备的能力，不过，在互联网如此发达的现代社会，写营销文案的机会大幅增加，事情有了相当大的转变。

在工作场合，有时短短一句话就会决定成败。现在，"广告文案力"已成为一般工作者最需具备的能力。虽说如此，在市面上却很难找到针对一般上班族解说的，如何撰写那关键一行字的书。这就是笔者撰写本书的最大的契机。

本书草稿经过编辑川上聪先生（虽然同姓，可我们不是亲戚）从一般上班族角度的检视，并且修改了许多不足的部分。因此，我可以很自豪地说，改善这些不足之处后，本书能给更多人带来帮助。

再者，本书基于提升广大工作者"广告文案力"的主旨，从各种媒体引用了许多文案作为范例。在此对给予谅解的相关业界人士，致以最高的谢意。感谢各位！

川上彻也